AF416964

Jorge Cárdenas del Moral

MONUMENTAL

Cárdenas del Moral, Jorge

Monumental / Jorge Cárdenas del Moral. - 1a ed . - Ciudad Autónoma de Buenos Aires : Diseño, 2018.
204 p. ; 21 × 15 cm. - (Textos de arquitectura y diseño)

ISBN 978-987-4160-56-0

1. Arquitectura. 2. Teoría de la Arquitectura. 3. Historia de la Arquitectura. I. Título.
CDD 720.1

Textos de Arquitectura y Diseño

Director de la Colección:
Marcelo Camerlo, Arquitecto

Diseño de Tapa:
Liliana Foguelman

Diseño gráfico:
Karina Di Pace

I.S.B.N. 978-987-4160-56-0

Febrero de 2018

Jorge Cárdenas del Moral

MONUMENTAL

diseño

MONUMENTAL

ÍNDICE

PRÓLOGO

UN LIBRO NECESARIO

No somos amigos de aquellas ceremonias anuales para el recuerdo de nuestras tradiciones que, con su regularidad mecánica, terminan por hacerse cotidianas y, como todo lo que es tradicional, bastante banales.

ROSA LUXEMBURGO

Cuando en el Diccionario de la Real Academia se visita el término *Monumento* se encuentran solamente acepciones positivas, laudatorias, apologéticas. Así, por ejemplo: "Muy excelente o señalado", "De utilidad para la historia", "Memorable por su mérito excepcional", "Heroico"... Allí no existe la menor referencia a la verdad común y habitual en la mayoría de los monumentos: su vulgaridad, su convencionalismo, su efectismo, su sensacionalismo y su ostentación; en resumen: su carácter romántico y *falfasen*: a la vez falso, fácil y sentimental.

Esa definición del término fomenta la confusión, pues no distingue entre la *Monumentalidad* y el *Monumentalismo*. La rara, escasa, humilde y silenciosa monumentalidad implica y contiene a la vez valores éticos, estéticos y epistémicos. *Monumentalidad* significa la sutil y elegante nobleza panhumana de lo universalmente memorable. La auténtica belleza nunca vocifera vanidades. Por el contrario, lo que abunda en extremo es el *monumentalismo* nacional más abyecto o rendido ante el *Poder Patriarcal* y "*Propietal*". Quizá por ello, H. Lefevre, entre otros, relaciona estrechamente monumentalismo y fascismo.

En efecto, el monumentalismo suele ser instrumento ideológico del Poder burgués, el mismo que exige y promueve la estupidez, zafiedad y bajeza propias de casi todo producto espectacular. Lo colosal, grandilocuente y ruidoso es ideológico en sí mismo: idiotiza, aborrega y galvaniza, por ejemplo, a los más ingenuos, iletrados y patriotas.

El libro que aquí y ahora celebramos nos enseña a distinguir los auténticos valores espacio temporales modernos, a-simbólicos o poéticos, por un lado, de aquellas formas tópicas, artísticas, figurativas, modernistas, historicistas o momificadas, por otro. Cualquier imagen urbana –por deficiente que sea para la arquitectura– es un reloj de la historia bastante exacto. Pero memoria colectiva y recuerdo histórico solo son dignos cuando conmemoran aquello que merece ser universalmente recordado, por medio de formas que también merezcan ser recordadas por todos. Tal es el caso de la mejor obra de Scarpa: su semi-oculto monumento veneciano a la mujer partisana de la Resistencia anti-nazi. Esa obra hace evidente que Poética significa *Compacidad espacio-temporal*: identidad dinámica entre forma y función, es decir: entre imagen y contenido, entre sonido y sentido entre locución y sujeto, entre significante y significado.

Por el contrario, *Monumentalismo* es sinónimo de simbolismo. Pero los símbolos, en tanto que gestos de las *culturas* nacionales o religiosas, no producen Civilización alguna. Entre los Signos, casi todo es "lenguaje", tipología rancia y convención rutinaria, impuesta. En tal caso el Símbolo es fetiche "abstracto" romántico y espacial cuya evocación artística es tan fantasmal como la del Icono figurativo en el retrato clásico. Solo el Indicio no nos aliena; por el contrario nos invita a razonar, a deducir.

También por ello el *Monumentalismo* (figurativo, popular) tiende a convertirse en símbolo (abstracto, ideal, romántico, absoluto). Es así como alcanza a ser objeto o significante visual ilógico, fácil e irracional. La peor monumentalización es inmediata, directa y convencional aunque capaz de evocar creencias, ilusiones y significados; ideas o conceptos cuyo sentido ideológico unifica y moviliza a un grupo social. Es por ello una falsa poética dirigida a la falsificación ideológica, a una grosera y siempre envilecida auto-glorificación grupal.

El *Simbolismo* del siglo XX, idealista, y presuntamente intelectualizado, decía combatir el *Naturalismo* positivista y vitalista del siglo XIX. El resultado fue un centón, un amasijo de clasicismo y romanticismo cuyos resultados malignos, zafios y falsarios solo pueden conducir al kitsch y al fascismo. Los simbolistas del siglo XX albergaban cerebros del siglo XIX: cerebros esotéricos, animistas, espiritistas y ocultistas; neorrománticos y proto-nazis. Así por ejemplo los de C. Jung, L. Klages, S. George, etc.

Esa escuela monumentalista o simbolista se presentó también como anti-burguesa, y por ello revolucionaria. Pero el simbolismo germánico no fue más que otra hijuela de la peste romántica en sus nupcias con la lepra clasicista. Con Klages, por ejemplo, se amalgaman del modo más patético y patológico el vitalismo nietzscheano con el animismo y la metafísica. La razón, para aquellos iluminados, era un espíritu maligno, mecánico y "burgués"; solo gracias al "alma" y al "espíritu" ideal de los superhombres se podía hacer la "revolución" dionisíaca, simbólica y ocultista. Para ellos la belleza no es la expresión universal y comunicable de la verdad construida, constructiva y trabajada, sino cosa cultural, mitológica, animista y nacional.

Tales son la mayor parte de las infinitas formas culturales del fascismo. Sus autores lo monumentalizan todo; así por ejemplo el pañuelo (*mouchoir*) con el que adornan su bolsillo superior: después de usarlo aparatosamente lo monumentalizan, lo vuelven a doblar por sus pliegues oficiales y lo reinstalan coquetamente sobre su pecho.

El simbolismo es doble falsificación, es decir: falsificación de otra falsificación. Así lo histórico no es asunto activo y actual sino solo historicismo monumental, algo modernista, ornamentado y siempre aborrecible. El monumentalismo es simbólico y retrogrado ya que requiere también formas alegóricas convencionales tradicionales, folclóricas y autoritarias. Pero pocas cosas más antiestéticas que el autoritarismo, cuya imponente imposición suele acompañarse de cierta obscenidad falocrática, misógina, machuna y patriarcal propia del objeto, aislado, circunscrito, de bulto redondo. También así se responde al gusto "asiático" dirigido en exclusiva al placer del viril disfrute artístico, ese vector capaz de corromper cualquier intento de síntesis entre verdad, bondad y belleza.

El simbolismo tiende a ser un vicio cultural anti-moderno, modernista, romántico y retrogrado; atributos, todos ellos, imposibles de separar del fetiche supersticioso y kitsch. El símbolo que alimenta todo monumentalismo es un artificio arbitrario pero convencional, impuesto por el Poder dominante para representar lo absoluto abstracto, lo infinito racial, lo "superior" nacional. De este modo supersticioso, ideológico y en consecuencia irracional, se sublima toda emoción fácil y sentimental. Porque la superstición implica también la falacia anti-histórica de la mitología sobrenatural.

El "emocionalismo" nacional, religioso y patriótico se traduce inmediatamente en el siempre repulsivo folclore gracias a las formas alegóricas y monumentalistas. Ese facilismo plebeyo coincide con la "gregarización" burguesa. De ahí la necesidad post-crítica de un esteticismo fetichista que promueva nuevas y masivas alienaciones colectivas, ilusionantes falacias y espectáculos a la vez patriarcales e infantiles.

El monumentalismo simbólico es representación –artística, autoritaria, arbitraria e irrealista– de otra irrealidad teatral, por ejemplo nacionalista. Así el *megakitsch*, el Mal, idolátrico y totémico se hace a la vez ocultista y movilizador de la mentira cuya ideología sensacionalista y estupefaciente nos impida pensar pero nos obligue a "sentir". Así el monumento pierde su valor histórico de merecido recuerdo colectivo y de memoria real de la realidad, para envilecernos en el auto-monumento metafísico y sectario. El historicismo académico y el rancio anacronismo –con su correspondiente ornamentación adherida– suscitan, por ejemplo, supremacismo *wasp*[1] y fascista,

[1] Acrónimo inglés de *White, Anglo-Saxon and Protestant* ['blanco, anglosajón y protestante']): grupo cerrado de estadounidenses de elevada posición social, descendientes de británicos y de religión protestante que, supuestamente, ostentan un poder social y económico desproporcionado en los Estados Unidos.

saturado de falocracia patriarcal y misógina. Esa anti-modernidad
burguesa en cualquiera de sus formas cargadas de invisible fanatismo irracional, rodea nuestras vidas de un *monumentalismo* aún más
inelegante y antiestético: un esteticismo a la vez maligno y mendaz.

El libro MONUMENTAL es una investigación ilustrada que también
nos ilustra con sus excelentes ilustraciones, esto es: nos despierta
del sueño ideológico y sus brumosos vapores de alucinógena seduc-
ción conformista.

Antonio Miranda

INTRODUCCIÓN

La obra que el lector tiene en sus manos podrá resumirse como
una reflexión sobre lo monumental en el contexto de la arquitectura
moderna. En términos generales, el planteamiento que se presenta
rechaza la etiqueta despectiva de lo "moderno" y propone la revisión
de los acontecimientos desde un posicionamiento crítico: a la vez
ausente y tan necesario en el contexto actual. Se ha buscado distanciarse prudentemente de la repetición de mitos y dogmas que prevalecen en torno a esa arquitectura "reciente". Por ello, el discurso
apunta a la estructura de dicho ejercicio crítico, es decir: el que toma
en cuenta la calidad de la obra, reconoce la atemporalidad como
virtud, niega lo artístico *per se*, denuncia la falsificación formal, identifica los elementos constitutivos o distingue el contenido político
e ideológico de los paradigmas, entre otros factores. Así, la modernidad no está ceñida a una clasificación historiográfica y mucho
menos estilística; lo moderno es aquello que sin formalidades cerradas opera congruentemente y trasciende su espacio-tiempo. El caso
de los monumentos es quizás el que mejor representa esta proble-
mática, pocos monumentos hoy en día tienen la capacidad de superar los simbolismos parciales de su época. Y a pesar de ser el reflejo
de una suma de factores, prevalecen en su realización procedimien-
tos plásticos y contemplativos propios de tiempos superados. No
obstante, en torno a la arquitectura moderna ya se debatía incipientemente sobre sus propias condiciones y diferencias en este sentido,
es el caso de Loos a comienzos del siglo pasado o de Mumford en las
décadas de 1930 y 1940.

Buena parte de los episodios estudiados durante la primera mitad
del siglo XX fueron acompañados por una pulsión invariable: pese
a la negación, la arquitectura exploró por distintos enfoques con la
condición monumental. Una búsqueda que conducía inevitablemente
al mismo fin, esto es: representar con legitimidad lo memorable. La
arquitectura como monumento, el carácter monumental del espacio,
la monumentalidad o el monumentalismo, son asuntos aparentemente similares pero definitivamente diversos. Así, la modernidad
aunque impugnaba los recursos del paradigma anterior, generó los
medios para producir una representación de la memoria a través de
la nueva arquitectura. Lo monumental histórico y moderno no tienen
relación formal entre sí, sin embargo, un hecho notable está en que

la instrumentalización de la arquitectura reforzaba -en esencia- ese impulso previo. Durante este marco temporal surgió el interés por los espacios para la representación política, que se verá en casos paradigmáticos y suficientemente estudiados como Brasilia y Chandigarh. Asimismo, se debe reconocer que el curso de los acontecimientos históricos fue determinante: no es posible entender el episodio de la Nueva Monumentalidad (Giedion, 1943) sin la coyuntura de la Segunda Guerra Mundial.

El libro registra la complejidad de la cuestión a través de la dimensión y amplitud de los conceptos. Es decir, hablar sobre lo monumental no define una cualidad o descripción específica, sino múltiples posibilidades estrechamente vinculadas por características espaciales, por la relación del objeto construido y su entorno natural, por elementos concretos (las cubiertas, escaleras y plataformas), o como una idea prácticamente inmaterial en los dibujos imposibles de la vanguardia soviética; de un largo etcétera. Se trata de ideas que en repetidas ocasiones producen un conflicto o se contradicen; que niegan parcialmente lo previo pero que tienden a retomar referencias (desconcertantes) extraídas de una lejana y distorsionada idea de tradición. El esfuerzo que ha motivado este trabajo pretende dar visibilidad a estas cuestiones y establecer un punto de partida menos nebuloso. La hipotética idea de monumentalidad explorada durante el siglo pasado fue un síntoma del propio desarrollo de la modernidad, a veces de manera directa y en ocasiones totalmente inconsciente de sus implicaciones. Se advierte conscientemente cierta parcialidad en este ejercicio, precisamente por la amplitud del asunto. No obstante, parecía necesario sentar unas bases, hasta cierto punto ausentes, entre las numerosas referencias consultadas para la investigación.

Por último, la estructura del libro presenta breves reflexiones agrupadas temáticamente por capítulos. En la medida de lo posible se ha querido desvanecer el peso de la línea cronológica, aunque a veces ha sido una tarea difícil. Cada idea está vinculada con una imagen que no refieren solamente un proyecto u obra, sino una ilustración que describe la representación pictórica, cultural, política y/o arquitectónica del discurso. La selección de las imágenes refuerza el sentido de "parcialidad" pues compromete la narración; sin embargo, ese compromiso es necesario para ilustrar el sentido crítico del libro. No se busca la exhaustividad de los conceptos, sino señalar su sentido dimensional: un hecho puede tener relación en distintos niveles con otros acontecimientos o referencias. Así por ejemplo, se dedica un apartado a la conformación y significado de la "Pastilla" (*Slab building*), como un elemento constituyente de la monumentalidad moderna y se analizan distintas insinuaciones previas a su materialización como objeto construido.

(ALGUNAS)
CONSIDERACIONES PREVIAS

MONUMENTO

Lo monumental en arquitectura tiene correspondencia con los lega-
dos construidos por antiguas civilizaciones. La gran pirámide de
Guiza, el Partenón, el Coliseo Romano o el Taj-Mahal, forman parte
del imaginario colectivo como construcciones representativas para
la humanidad. Entre otros factores, la supervivencia en el tiempo les
otorga el carácter de monumentos. Lo histórico-monumental tiene
aplicación material como un primer estado en el monumento. En el
contexto moderno esto implica un desplazamiento que anticipaba
un cambio en la instrumentalización de las formas: "Etienne Louis
Boullée fue quizás el primero en proponer que los monumentos
pudieran desplazarse del terreno de la escultura figurativa al arte del
espacio, de la arquitectura, como el laboratorio perfecto para una
monumentalidad instrumental". [1] Durante la modernidad hubo inten-
tos por depurar el asunto y propiciar un criterio científico y riguroso
con el cual clasificar objetivamente. En ese sentido, Alois Riegl, con
"El culto moderno a los monumentos" (1903), buscaba desarrollar
un sistema de valores que permitiera estudiar su conservación en
el tiempo. En su libro, Riegl señala acertadamente el carácter instrumental del objeto dentro del contexto moderno,[2] así como sus
posibilidades para manipular "consciencias subjetivas". El objeto
monumental en la modernidad transforma el entorno natural y aspira
a conformar un rastro de permanencia en el territorio; por medio de
una artificialidad que es propia de la voluntad de representación de

[1] Melvin, Jeremy *et al.*, "Monument: Antimonument", *The Architecture Review* 212, n.o
1268 (octubre de 2002). Traducción del autor, p. 91.

[2] "El valor histórico de un monumento reside en que representa una etapa determi-
nada, en cierto modo individual, en la evolución de alguno de los campos creativos
de la humanidad. Desde este punto de vista, en el monumento no nos interesan las
huellas de erosión de las influencias naturales que han actuado sobre él en el tiempo
transcurrido desde su surgimiento, sino su génesis en otro tiempo como obra humana. El valor histórico de un monumento será tanto mayor cuanto menor sea la altera-
ción sufrida en su estado cerrado originario, el que poseyó inmediatamente después
de su génesis." Riegl, Alois, *El culto moderno a los monumentos*, La Balsa de Medusa 7
(Madrid: Visor, 1987), p. 57.

los grupos humanos desde tiempos ancestrales. El crítico Deyan Sudjic describe esta lógica de pertenencia: dado que el paisaje es más duradero que la existencia humana, la finalidad de esos objetos es insertarse en la escala de tiempo para dar un "consuelo de sentirnos unidos a una versión de la eternidad". La acción temporal es fundamental para el objeto. Por un lado, con los propósitos que lo idearon en función de ciertas creencias y voluntades. Y por otro, con el mismo avance del tiempo o el efecto en el propio objeto: una huella que da registro y otorga "legitimidad" tarde o temprano.

CATEDRAL

La noción monumental tiene un antecedente romántico que se articula de forma desigual dentro del escenario moderno. Con el motivo pictórico del sueño de la catedral[4] se establecía la conexión entre el romanticismo y el expresionismo, específicamente para la pintura y la arquitectura. Los expresionistas vieron en "la Catedral del Futuro" una aspiración simbólica que considera al monumento como elemento que "corona la ciudad".[5] Esta idea, aunque incluye un ideario programático, anticipa la mirada al pasado: por momentos evocativo y en otros casos literal. En su romanticismo los expresionistas exaltaban la "fusión completa entre el arte y el pueblo por mediación de la arquitectura, integración de las artes bajo sus alas o la consideración del arte como una actividad visionaria y creadora de modelos para la futura sociedad":[6] características wagnerianas compartidas por otros grupos de la vanguardia con independencia de sus matices formales. La familiaridad entre el expresionismo, el futurismo y el

[3] Sudjic, Deyan, *La arquitectura del poder, Cómo los ricos y poderosos dan forma al mundo* (Barcelona: Ariel, 2007), p. 196.

[4] Marchán Fiz, Simón, *Contaminaciones figurativas: imágenes de la arquitectura y la ciudad como figuras de lo moderno* (Madrid: Alianza Editorial, 1986), p. 65

[5] Ver *Die Stadtkrone* de Bruno Taut, 1919. En Marchán Fiz, Simón, p. 85.

[6] Marchán Fiz, Simón, p. 84.

constructivismo tiende a desvelarse más allá de sus especificidades externas[7] o formales. Pero el sueño de la catedral fue un generador de tipos específicos que buscaban establecer la conexión directa con la comunidad, así como una intención de movilizarla por medio de programas en los que el carácter colectivo conformaba la razón del espacio. Se trata de programas viables independientemente del contexto geográfico en el que se ubican, tal es el caso de "la casa del pueblo, edificios secularizados de culto, teatros, las salas de festivales musicales o rascacielos".[8] En ese sentido, es necesario apuntar una paradoja si se toma en cuenta la importancia que la comunidad tiene para dichos programas: con la Rusia revolucionaria, la orientación de la comunidad se funda en la visión marxista y el materialismo como herramientas para la construcción de una sociedad comunista. Mientras que para el movimiento alemán hay una tendencia a la anti-modernidad de la obra de arte total o *Gesamtkunstwerk*; a la gran construcción que busca "difundir los estilos y los medios expresivos más heterogéneos: escultura, pintura, artes aplicadas y artesanías, y borra(r) las fronteras entre el arte monumental y el decorativo".[9] Lo más llamativo de esta anotación es que los aspectos más retrógrados del expresionismo habrían de transformarse claramente con el ascenso de los totalitarismos: la exaltación de lo local, de la patria, "de lo estable en contraposición a la movilidad del objeto moderno artístico".[10]

[7] En relación con la correspondencia entre programa y expresión, Crasemann y Collins hablan de cuatro grupos de vanguardia con elementos compartidos: los secesionistas austriacos, el futurismo italiano, el expresionismo alemán y el constructivismo ruso. Ver Crasemann-Collins, Christiane; Collins, George, "Monumentality: A Critical Matter in Modern Architecture", p. 15.

[8] Marchán Fiz, Simón, *Contaminaciones figurativas: imágenes de la arquitectura y la ciudad como figuras de lo moderno*, p. 84.

[9] Marchán Fiz, Simón, p. 97.

[10] *Ídem.*

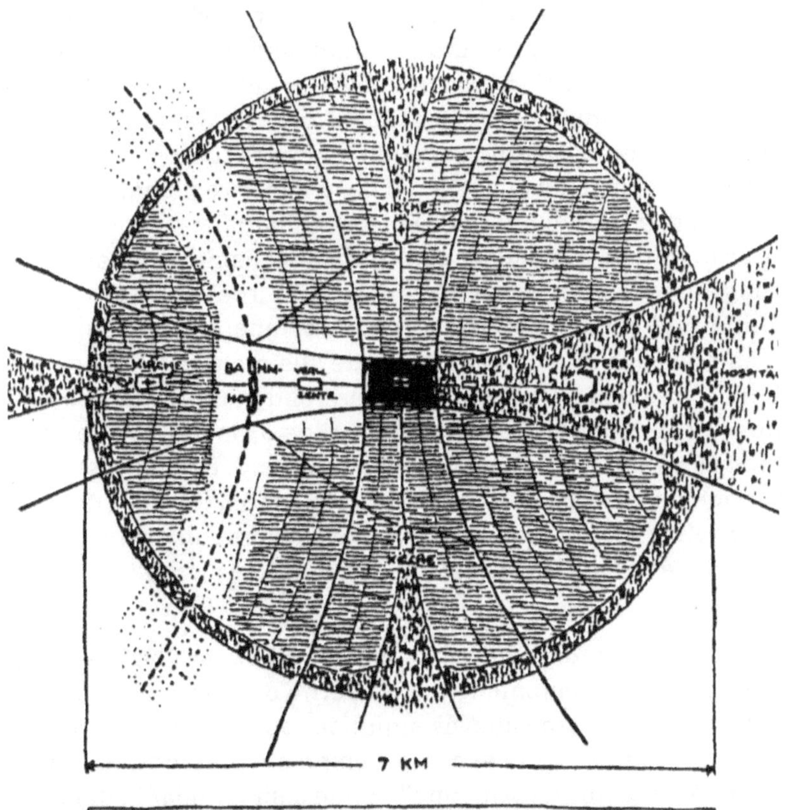

KIRCHE
KIRCHE
BAHNM-VERW
HOF ZENTR
VOLKS TER ZENTR
HOSPITÄL
KIRCHE
7 KM
GESCHÄFTSSTADT
INDUSTRIE
WOHNGEBIET
PARKFLÄCHEN

CONTRADICCIÓN

El proyecto de arquitectura orbita con proximidad a la condición monumental. El Movimiento Moderno tuvo cierta congruencia al rechazar formas extraídas de otros tiempos para celebrar acciones trascendentales. Sin embargo, es necesario señalar que realmente hubo investigaciones para la conmemoración que buscaban adecuarse al momento: el proyecto del Monumento a la Tercera Internacional (1919-1920), el monumento a Rosa Luxemburgo (1926), o el proyecto de monumento a Cristóbal Colón en Santo Domingo (1929), son ejemplos de que estos dispositivos fueron una preocupación durante el desarrollo inicial de la nueva realidad. Parte del problema con el monumento en la modernidad fue representar por códigos distintos la realidad, partiendo del mismo propósito que en tiempos anteriores. A pesar de contar con otros medios expresivos y materiales, los monumentos continuaron apareciendo aquí y allá; en ocasiones exhibiendo nada más que sus grandes dimensiones y cualidades técnicas. Durante la modernidad tampoco se abandonó la intención de fijar imágenes, significados o símbolos, que en sí mismos ya plantean un nuevo escenario crítico. En contraste con las Pirámides, el Arco del Triunfo o el Partenón, los monumentos podrían evitar la inutilidad contemplativa o el recordatorio distorsionado, e insistir en la parte que autentifica su realización de forma activa.

Así, la amenazada torre de transmisiones Shukhov (1922) en Rusia, ejemplifica el objeto monumental moderno que -en su integridad y coherencia- establece nuevos significados conmemorativos: recuerda el momento y su espacio-tiempo sin pretenderlo. Dado que el fenómeno del "gigantismo" tiende a simplificar la definición de lo monumental, una vía legítima para el monumento actual debería ser más inadvertida o, al menos, congruente con los procesos de su tiempo. No obstante, de ser así, nos encontraríamos ante un estancamiento infinito dado que el mismo proceso histórico y su significación asignarán tarde o temprano un valor determinado en el caso de "trascender". El monumento, como cualquier imagen o fotografía, degenerará invariablemente dando constancia de ese

instante:[11] por ello el absurdo de su representación intencionada. Actualmente las viviendas de los años veinte de Le Corbusier, en Poissy o París; o la sede de la Bauhaus en Dessau, están más próximas a la idea de monumento para la arquitectura que cualquier elemento colocado en el paisaje urbano a la usanza de arcos y columnas en el siglo XIX. Esos monumentos involuntarios son el resultado de los criterios de conservación patrimonial: perduran y cumplen una función conmemorativa distinta, pues sus aportaciones estéticas, constructivas y espaciales de un tiempo determinado, orientan una lectura menos ficticia, menos parcial y más poética.

SILENCIO

Con relación al monumento las preguntas se multiplican: ¿cuál es el camino para la representación precisa de la memoria? El posicionamiento crítico sobre el asunto, según una perspectiva contemporánea, es ineludible: resulta necesario rechazar la altisonancia, la pomposidad, el anacronismo, lo *kitsch*... Este conflicto fue señalado por los exponentes de la modernidad en los inicios del siglo XX. La reflexión de Adolf Loos se caracteriza por destacar la discreción, el monumento deseable exigiría una atemporalidad que prudentemente se muestra silenciosa y –en ocasiones– involuntaria. Para valorar el monumento se suele referir a la escala, al tamaño, a lo majestuoso o representativo para ciertas culturas. En cada uno de esos "primeros objetos" hay un valor que expresa su tiempo y su medio. Durante la transición a la modernidad esta situación parece haberse deformado en relación con los criterios previos. Joep Leerssen describe que la noción de monumento se refiere a aquellas estructuras en el espacio público cuyas funciones son: la conmemora-

[11] Señala Alois Riegl al respecto: "la creación continúa de modo constante e ininterrumpido, y lo que hoy es moderno y se presenta en su cerrada individualidad según las leyes de toda creación, se irá convirtiendo paulatinamente en monumento y ocupando el vacío que las fuerzas naturales imperantes en el tiempo irán creando en el patrimonio monumental heredado". Riegl, Alois, *El culto moderno a los monumentos*, p. 54.

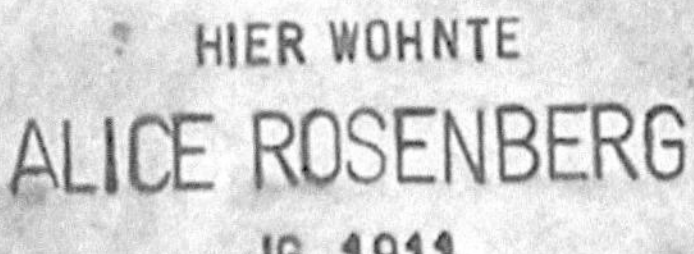

HIER WOHNTE
ALICE ROSENBERG
JG. 1911
DEPORTIERT 1942
ERMORDET IN
AUSCHWITZ

HIER WOHNTE
GERTRUD
ROSENBERG
GEB. BRENNER
JG. 1879
DEPORTIERT 194
ERMORDET IN
AUSCHWITZ

HIER WOHNTE
ELI SCHNELLER
JG. 1885
DEPORTIERT 1943
ERMORDET IN
AUSCHWITZ

HIER WOHNTE
ROSA SCHNELLER
GEB. KLEIN
JG. 1888
DEPORTIERT 1943
ERMORDET IN
AUSCHWITZ

ción[12] y la instrumentación del monumento como algo posible en la
actualidad. Su valor memorable es el de "no permitir que el momento
se convierta en pasado, que se mantenga siempre presente y vivo en la
conciencia de la posteridad".[13] De esta manera se observan otros con-
flictos relacionados con la intencionalidad que demuestran la tendencia al fracaso inevitablemente. Basta con mirar al pasado reciente para
evidenciar que los monumentos son una representación por lo general
esteticista o juguetona, irónica y populista. Y que en el contexto actual
los recursos con los que configuramos la noción de la memoria están
muy lejos de acertar limitándose a la forma de piedras, pedestales,
columnas o figuras geométricas.

RUTA

El monumento tiene un vínculo fundamental con el espacio público, con lo que se favorece a la cultura dominante y a los círculos del
poder. Uno de los problemas con este principio está en la sesgada
interpretación de lo memorable a partir de viejas formulas que muestran ideas de representación imprecisas y parciales, porque insti-
tuyen una permanencia incompleta que "trascenderá" de maneras
diversas el momento y significado que los originó. Sin embargo, es
deseable que la razón del monumento motive la reflexión a partir de
un incluyente sentido de comunidad. El monumento en la actualidad
debería anteponer el razonamiento y el estímulo intelectual sobre los
facilismos, falsedades y literalidad de las emociones, a manera de
reacción crítica de las viejas fórmulas: celebremos la discreción significativa y la grandeza del silencio. Por ello es necesario advertir que

[12] Extraído del artículo a propósito de la exhibición denominada "Monumentalism.
History and National Identity in Contemporary Art" presentada en el "Temporary
Stedelijk at the Stedelijk Museum" de Amsterdam entre 2010 y 2011. Leerssen, Joep,
*"Size, Seriousness and the Sublime", en Monumentalism - History, National Identity
and Contemporary Art*, ed. Bowhuis, Jelle y Schavemaker, Margriet (Amsterdam: NAI
Publishers, 2010), p. 122.
[13] Riegl, Alois, *El culto moderno a los monumentos*, p. 67.

el acto conmemorativo o la celebración de las causas de la mayorías, evitando la obviedad y el simbolismo fácil, son necesidades humanas irremediables. Y siempre habrá una intención de trasladarlas[14] a un lenguaje simbólico construido por la materialidad. La importancia dependerá de la representación de los intereses de la colectividad y los valores permanentes: una verdad auténtica como arquitectura y como testimonio. En ese tono recordamos dos casos puntuales: la estantería vacía enterrada en la Bebelplatz de Berlín (Micha Ullman, Andreas Zerr), como recuerdo de la quema de libros por parte de los nazis en 1933. O el dedicado a la lucha de las mujeres partisanas en Venecia (Carlo Scarpa), semi-hundido en las aguas del mar.

MONUMENTALIDAD

Lo monumental tiene dos posibles representaciones definidas por el lenguaje: monumentalidad y monumentalismo. En ese sentido, la monumentalidad no es tangible por formas cerradas o específicas, para definirla se debe hablar de cualidades de expresión duradera o valores trascendentales para lo común. Uno de los problemas con relación al concepto gira en torno a la ambigüedad generalizada cuando se trata de definirla por lo concreto. Y específicamente sobre su correspondencia con los términos vinculados a la arquitectura.[15] La monumentalidad es, en principio, una manifestación positiva de la condición monumental que evoca la grandeza, más no el gigantismo textual: su cualidad de construir testimonio apela a lo sutil. La modernidad se oponía a rancios preceptos ligados con el monumentalismo o lo referencial de los modelos establecidos. Asimismo, como ejercicio intelectual,

[14] Menciona Joep Leerssen que después de la Primera Guerra Mundial se vivió un momento de "traumatismo paradigmático" que se desplazó poco a poco del realismo ornamental a la abstracción. Un proceso que ha continuado hasta los ejemplos de los monumentos realizados por Peter Eisenman en Berlín y Appie Drieslsma en Mauthausen y La Haya. Al mismo tiempo que señala puntualmente características vigentes en el monumento contemporáneo: angulosidad rígida, tensión entre masa y espacio residual, entre líneas rectas y los patrones oblicuos de luz y vista. En Leerssen, Joep, "Size, Seriousness and the Sublime", p. 132-133.

la monumentalidad contraviene los sentimentalismos y es atemporal porque se aleja de la copia fiel de formas superadas. Por ello, se debe aclarar que el recordar acontecimientos relevantes en el devenir histórico no es, en sí mismo, objetivo de la crítica. Debería serlo el enfoque alienante, localista y anti-poético de la situación promovida por los elementos de control, principalmente en su forma política y/o económica. La importancia que adquiere la calidad de una obra, su coherencia interna y una respuesta más precisa al medio, podrían conformar el verdadero paradigma de celebración de lo monumental. En esas condiciones, la monumentalidad en arquitectura sería un testamento dinámico, una conmemoración de lo pendiente, lo contestatario al simbolismo estático de victorias añejas, parciales e incompletas.

[15] En relación con los términos monumentalismo y monumentalidad, el idioma inglés se muestra menos específico y riguroso que los matices asignados por los sufijos *-idad* e *-ismo* del castellano. La literatura consultada en ese idioma discurre indistintamente entre uno y otro, cuando en el fondo se trata de narraciones completamente distintas.

MONUMENTO Y PROGRAMA

Los lazos entre monumentos y tumbas como objetos ceremoniales son continuos a lo largo de la historia. En "Arquitectura" (1910), Adolf Loos señala el carácter sepulcral y conmemorativo del monumento como la única posibilidad de que la arquitectura aspire a ser arte. Además, habla de la validez sobre la idea de conmemoración: "cuando entramos en el bosque [y encontramos] una elevación de seis pies de largo y tres pies de ancho, moldeada con la pala en forma piramidal, nos ponemos serios y algo dentro nuestro nos dice: aquí ha sido enterrado alguien. Eso es arquitectura".[1] El monumento tiene relación con la vigencia y su sentido como elemento de representación. En su crítica al ornamento, Loos refiere un asunto de legitimidad (moral) para la arquitectura; es decir, aquello que resultaba innecesario a la expresión de su tiempo era obsoleto, los añadidos superficiales a la función del mismo debían eliminarse por anti-modernos e inmorales. Su recordatorio "en el bosque" significa lícitamente al monumento como materia construida. Por ello, en el contexto actual ¿cómo pronunciarse críticamente al hecho de que determinadas construcciones hayan sido erigidas en tiempos anteriores? La permanencia de aquellas huellas, de las que sólo quedan trozos de materia, influye en la valoración de sus cualidades para adecuarse al medio físico, cultural o temporal de su momento. En la actualidad somos adoradores del transcurso del tiempo y su huella en lo construido. Sin embargo, la acción temporal para valorar el objeto no establece un paralelismo con la condición de proyecto como monumento moderno: las diferencias entre unos y otros son notables. La novedad de las formas y los motivos o causas más recientes cuentan con una desventaja respecto a ese valor dado que la acción temporal tiene por defecto en el monumento. En la descripción de lo intencionado, lo histórico o lo antiguo, parece relevante recordar a Riegl: el riesgo que existe cuando el monumento moderno

---

[1] Extraído de Loos, Adolf, "Architektur [trad. Arquitectura]" *Der Sturm*, 15 de diciembre de 1910. En Loos, Adolf, *Escritos II, 1910-1932*, ed. Opel, Adolf; Quetglas Josep, Biblioteca de Arquitectura 2 (Madrid: El Croquis, 1993), p. 34-35.

–como "un simple mal necesario"–[2] continúa con esa voluntad evocadora de un estado de ánimo. Y cuya característica más peligrosa es apelar al subjetivismo de la masa, que suele justificar la irracional expresión de sentimientos, sensibilidades y metafísicas de los sujetos que los contemplan.

EXCEPCIÓN

Una de las fracturas en la uniformidad del discurso y el proyecto moderno se presenta con la obra de Adolf Loos. El carácter monumental de los proyectos cívicos o conmemorativos no construidos, que generalmente se reducen a bocetos y croquis, comprueba lo que desde el inicio de su trayectoria vendría a manifestarse en el artículo "Arquitectura" como la equívoca unión entre arte, arquitectura y monumento. Estos proyectos son la aprobación programática sobre al carácter monumental para cierto tipo de arquitectura, es decir: lo moderno en este discurso se compone tanto por la utilidad y austeridad de la casa habitación, como por una variante de la arquitectura conmemorativa. Algunas propuestas con una orientación monumental datan del año 1899, como el proyecto de Iglesia Conmemorativa del Jubileo del Kaiser Francisco José I y concluyen con el diseño de su propia tumba en el año de 1931. En este contexto, los recursos formales son sumamente conservadores y cargados de referencias

[2] Comenta Alois Riegl sobre los problemas de una clase de monumentos que podrían definirse como modernos: "Si anteriormente la concepción de monumentos "históricos" pudo ser caracterizada de subjetiva frente a la de los "intencionados" (...) en (una) tercera clase de monumentos, el objeto aparece ya completamente volatilizado en un simple mal necesario: el monumento es solamente un sustrato concreto inevitable para producir en quien lo contempla aquella impresión anímica que causa en el hombre moderno la idea del ciclo natural de nacimiento y muerte (...) Al no presuponer esta impresión anímica ninguna experiencia científica... aspira a llegar no sólo a las personas cultivadas, a las que de modo necesario ha de quedar circunscrita la conservación de monumentos históricos, sino también a las masas, a todas las personas sin distinción de formación intelectual." Riegl, Alois, *El culto moderno a los monumentos*, La Balsa de Medusa 7 (Madrid: Visor, 1987), p. 30-31.

historicistas, cuya característica austeridad –sobre todo la de su arquitectura habitacional– parece perder fuerza. Por lo tanto, es factible inferir que Loos no era ajeno al asunto de la representación y la monumentalidad en un sentido clásico. De hecho, hay aproximaciones

que van desde la pequeña escala con el diseño de las tumbas de
Peter Altenberg o Max Dvorak, hasta los dibujos del proyecto para
la Iglesia del Jubileo (1899), el proyecto del Ministerio de Guerra
(1907) o el proyecto del Monumento a Francisco José (1917), entre
otros. La importancia que tiene el significado de la historia resulta
ser un punto crítico, dado que Loos se consideraba como un tradicionalista que despreciaba la revolución tecnológica y el surgimiento
de nuevas formas como negación del pasado.

SILO

La primera construcción que despertó un entusiasmo cercano a la
"obra de los antiguos egipcios por su monumentalidad aplastan-
te"[3] fue la de los elevadores y silos de grano norteamericanos. Los
arquitectos modernos dieron cuenta por diversos medios sobre lo
enigmático de aquella síntesis máquina-espacio. Así se distinguían
tanto la relevancia plástica de los cuerpos –con sus gigantescos
volúmenes simples– como las funciones diferenciadas que se
estructuraron alrededor del discurso de la máquina. Walter Gropius
en 1913 describía en *Die Entwicklung Moderner Industriebaukunst*, lo
impactante que resultaban dichas construcciones.[4] La inspiración
de la fábrica, como representación en el discurso de algunos grupos de vanguardia –futuristas, expresionistas y constructivistas–
no fue exclusiva de la proximidad a la catedral del futuro. Esa idea
monumental, más general en concepto, desdibuja la separación que
coloca por un lado a Le Corbusier con el purismo o a W. Gropius
con la Bauhaus, y por otro a las corrientes abiertamente deudoras
de la monumentalidad en la lógica de la catedral del futuro: específicamente del futurismo y el constructivismo. Tal disolución podría
desarrollarse en términos de la representación de los objetos en

[3] Banham, Reyner, *La Atlántida de Hormigón: Edificios industriales de los Estados Unidos y arquitectura moderna europea, 1900-1925* (Madrid: Nerea, 1989), p. 15-16.
[4] *Ibidem*, p. 189-190.

función del valor de su propia imagen. Esto es, el momento en que se produce la admiración de esos edificios por los artífices de la modernidad, tiene una relación fundamental con el desarrollo que la fotografía producía como incipiente medio de comunicación.

EGIPTO

La influencia que aquella poderosa referencia tendría en la representación de lo monumental, no se limitó al ámbito de la arquitectura pues tanto la fotografía como la "huella de la máquina" habrían de

tener repercusiones en la definición pictórica de los paisajes modernos. Los cuadros de Charles Demuth como "Mi Egipto" de 1927, "Chimeneas y depósitos de agua" (1931) o "Abstracción de edificios en Lancaster" (1931), describen "unos paisajes industriales desprovistos de toda sordidez, prestos a resaltar el refinamiento de la simple yuxtaposición y contigüidad de volúmenes y elementos arquitectónicos".[5] Esta aproximación comparte referencias con la cultura egipcia y la pirámide como figuras de lo memorable: lo geométrica-

[5] Marchán Fiz, Simón, *Contaminaciones figurativas: imágenes de la arquitectura y la ciudad como figuras de lo moderno* (Madrid: Alianza Editorial, 1986), p. 152.

mente simple, lo individual, lo que es grande y compacto en un sentido de unidad material, entre otros aspectos. De este modo, la unión
entre lo monumental y lo moderno configura un tipo de simbolismo
que sustituye a la pirámide por el avance material de nuevos anhelos
arquitectónicos. Si la condición monumental no era un asunto relevante para los arquitectos de las vanguardias, el desarrollo tecnológico proveniente del otro lado del Atlántico así como cierta lejanía
con el objeto en cuestión, idealizó la imagen sobria y autónoma de
edificaciones aisladas en medio de paisajes naturales. La disposición aislada de las formas y la altura –dadas las posibilidades técnicas y funcionales de los mismos almacenes de grano– conforman
una síntesis que permitiría al discurso moderno equiparar silos con
pirámides y reconocer en ellos un primer monumento involuntario de
la modernidad.

UTOPÍAS

Las vanguardias de principios del siglo XX dieron una oportunidad
de separar la estructura del viejo orden y lo que se demandaba en la
construcción del Mundo Nuevo. El desarrollo de la modernidad en
arquitectura trajo consigo cualidades instrumentales del proyecto
en términos nunca antes vistos. Así, la aproximación al monumento
moderno se configura con una intención programática que buscaba adaptarse de distintas maneras a los cambios que se vivían.
Por ejemplo, el futurismo pretendía cambiar la vida a partir de los
avances tecnológicos para superar las ataduras de una tradición
anquilosada. Por su parte, el constructivismo aspira a implantar un
nuevo programa de instrumentos que sustituyan el modo de vida
cuasi-feudal por el del socialismo marxista. Con la modernidad se
actualizaron los modelos estéticos y arquitectónicos que concretaron la fractura por medio de una materialidad certera. Ese proceso
de actualización no se centraba únicamente en las expresiones
artísticas de la vieja estructura social, como la escultura o la pintura,
pues surgieron experiencias vinculadas estrechamente con el programa político: propaganda, libros y –más adelante– el cine. Es decir,

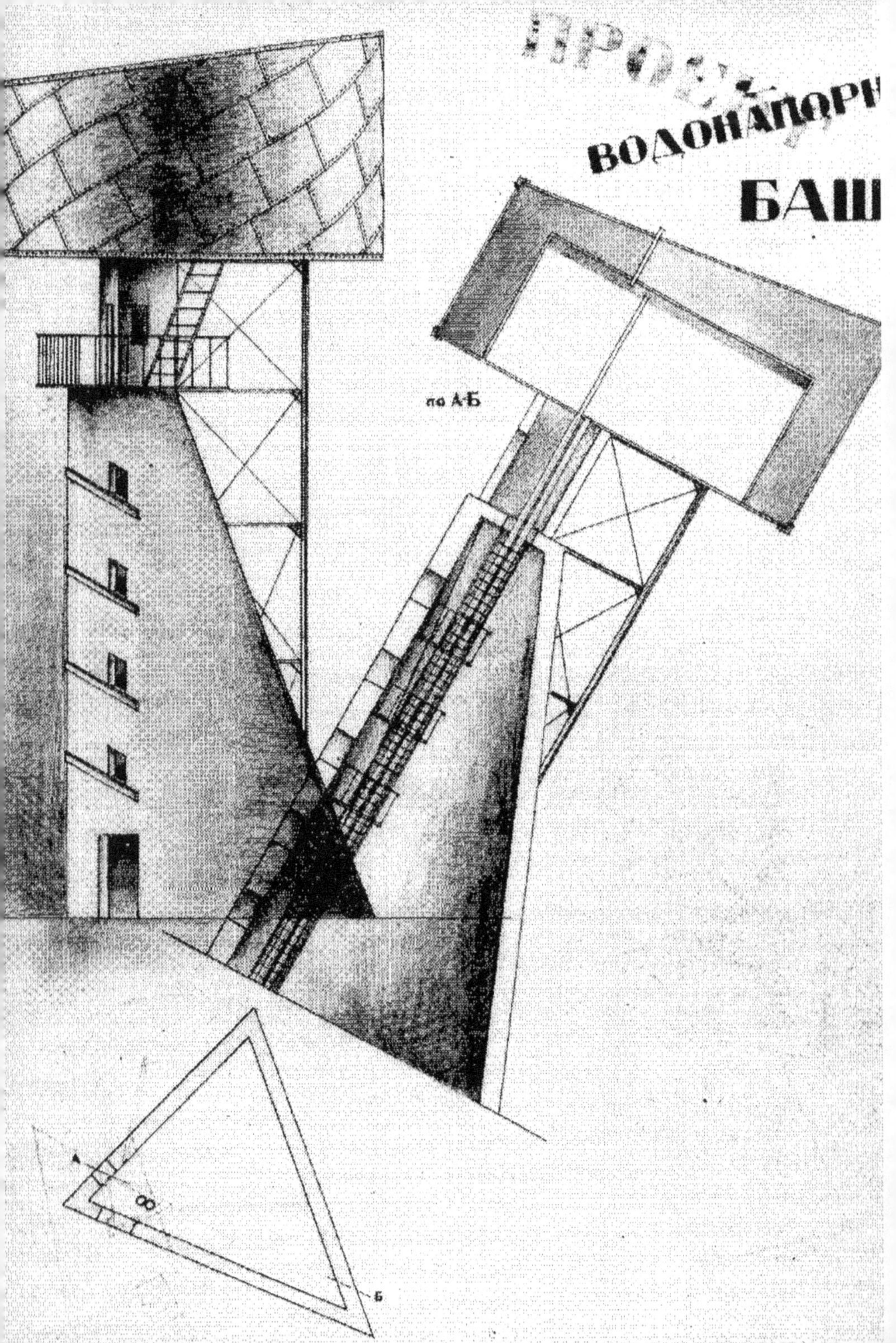
ПРОЕ
ВОДОНАПОРН
БАШ
по А-Б
А
Б
В

la condición monumental evoluciona y se manifiesta el sentido de lo memorable a corto plazo, se desprende una inmediatez de la memoria con la que se busca la reivindicación de los héroes y los acontecimientos de aquel cambio político. El monumento moderno debería estar inspirado en la razón y en principios prácticos.[6] Y debería considerar la transformación constante, una adaptación de las necesidades del momento en oposición al estatismo del viejo canon.

FUTURISMO

La Italia del futurismo aspiraba a dejar atrás una tradición anquilosada por medio de la renovación programática. La obra de Antonio Sant'Elia fue útil para la conformación de los anhelos de monumentalidad en un periodo de transformación de la modernidad europea: el violento espíritu renovador del futurismo no se desprende de cierta retórica transitoria; de una simbolización deliberada y voluntaria, variante de lo que vendrán a representar las formas de las grandes fábricas y los silos de grano. Y a diferencia del cubismo o el expresionismo, el futurismo tuvo implicaciones más avanzadas en su relación con la ciudad. La ecléctica instrucción académica de Bellas Artes alimentó en Sant'Elia una combinación del clasicismo y medievalismo imperantes, que dieron paso a un universo de composiciones y formas que permitirían superar la literalidad y retorno de lo

[6] "Mientras que en las construcciones anteriores se trataba de eternizar cualquier cosa, de ubicarla sobre la superficie terrestre de manera que sirviera a todas las generaciones siguientes cual obtuso símbolo de lo eterno, el constructivista debe inspirarse en razonamientos muy distintos, de carácter práctico (...) Significa que si hoy el socialismo exige un edificio destinado al momento que atravesamos, debemos construirlo sabiendo que mañana se nos pedirá otra forma, la cual haremos sin por ello abolir la precedente, sino completándola." Gan, Alexei, *Konstruktivizm*, [trad. *El Constructivismo*] (Tver': Tverskoe izd-vo, 1922). En Alberto Corazón, ed., *Constructivismo*, vol. *Comunicación* 19, Serie A (Madrid, 1973), p. 145-146.

[7] Sant'Elia, Antonio, "Manifesto dell'architettura futurista", 1914. En Rainey, Lawrence, Poggi, Christine, y Wittman, Laura, eds., *Futurism: an anthology* (New Haven & London: Yale University Press, 2009).

clásico para dar paso a proyectos con expresiones *sui generis*. Este
recorrido habrá de concluir con mayor complejidad en el proyecto
de la *Città Nuova*, pero ¿cómo influye esa formación académica en la
expresión monumental? El interés por volúmenes masivos, que no
coincide con las intenciones descritas en el "Manifiesto de la Arquitectura Futurista." (1914), rechaza la solemnidad clásica entendida
desde lo hierático, teatral y decorativo . Asimismo, Sant'Elia desde-
ña las líneas horizontales y perpendiculares, las formas cúbicas y
piramidales estáticas por ser opresivas y ajenas a la nueva sensibili-
dad. De esta manera contrapone lo oblicuo y elíptico como representación de lo dinámico.[8] Si la alusión a la tecnología en la modernidad
jugó un papel importante en la conformación de una monumentalidad distinta, su obra se anticipa a ese proceso y sus elementos se
enmarcan en esa lógica.

DECORADO

La central eléctrica fue un equivalente con el simbolismo de fábricas
y silos de grano estadounidenses. Para Antonio Sant'Elia[9] estas
instalaciones representan la oda al progreso con una componente
retórica que plasma el dominio de la tecnología sobre la naturaleza:
un derivado iconográfico que se gestaría a través de la literatura y
las artes visuales. Así, en su paradoja, el progreso es visto como
un problema: la proliferación de estas instalaciones afectaba la

---

[8] *Ídem*.

[9] Especifica R. Banham que como "motivo" –incluso para Marinetti– aparece desde
antes de 1914 en un "pasaje" del texto "Le Futurisme" (1911). Otro ejemplo posterior
se encuentra en el "Manifiesto del esplendor geométrico y mecánico, y la sensibili-
dad de los números" (marzo de 1914): "Nada hay más hermoso que una gran central
eléctrica, deteniendo las presiones hidráulicas de toda una cadena de montañas, o
elaborando la energía eléctrica para toda una región, sintetizada en paneles de control erizados de palancas y resplandecientes conmutadores." Banham, Reyner, *Teoría
y Diseño en la primera era de la máquina*, 1a edición en Paidós (Barcelona: Ediciones
Paidós, 1985), p. 129.

belleza[10] del paisaje italiano. Un conflicto al que los arquitectos de la época atendieron estéticamente por medio de pastiches historicistas con los que disfrazaban los múltiples elementos funcionales y operativos de las instalaciones. La intención era suavizar las imágenes de chimeneas, tubos y en general de su dura expresión racional. Por otro lado, las plantas hidroeléctricas difieren de la visión maquinista de la ciudad porque evidencian su conexión con el territorio: los ríos, lagos o cuerpos de agua son inseparables de estos espacios, con lo que retoman cierta condición romántica que nos remite al monumentalismo paisajístico kitsch de follies y "caprichos desinteresados" del jardín inglés. Alrededor de 1912 Sant'Elia desarrollaría proyectos aislados que tendían a ensalzar la verticalidad y a constituir un orden jerárquico, ejercicios –o "edificios monumentales"– que no describen un uso específico y de los que aparentemente sólo hay perspectivas únicas: las Plantas, las Secciones y los Alzados no existen. El predomino de la masa ante el vacío celebra la falta de compromiso del volumen, con ello las funciones podrían adaptarse sin afectar directamente a la forma establecida. Estos edificios monumentales valían indistintamente como principio compositivo para iglesias o templos. La tendencia a lo oblicuo favoreció un tipo de construcción piramidal que poco a poco se libera de gestos hasta llegar a la misma Città Nuova: una vez que el recurso de la tecnología ya ha sido bien asimilado. Este proceso llamado dinamismo, pasa de la gravidez de las montañas-templo a la simplificación de volúmenes limpios. Una aproximación en la configuración del proyecto monumental que continuará a lo largo de la modernidad: aislado, autónomo y abstracto. Asimismo, dicha experimentación formal no buscaba consolidar un prototipo de edificio sino encontrar elementos alejados de una tradición asfixiante y "liberar a su arquitectura de asociaciones literales con el simbolismo".[11]

[10] Da Costa Meyer, Esther, *The work of Antonio Sant'Elia: retreat into the future* (New Haven: Yale University Press, 1995).

[11] Da Costa Meyer, Esther. Traducción del autor, p. 68.

CITTÀ

En el proyecto de la Città Nuova (1914) hay una sustitución de la
obsesión por el objeto aislado para trazar un interés en la organización de la estructura urbana[12] moderna: la actualización se manifes-
tará por medio de la inclusión de nuevos tipos (estaciones de trenes,
aviones y funiculares; centrales eléctricas, edificios industriales,
etc.), además de la referencia a los materiales constructivos y elementos técnicos. Al restar importancia al objeto aislado se configura

[12] Marchán Fiz, Simón, *Las vanguardias en las artes y la arquitectura (1900-1930)*, vol. I,
II vols. (Madrid: Espasa Calpe, 2000), p. 434-435.

un entramado más complejo con la ciudad por medio de las vialida-
des, viaductos y pasos a desnivel de los que es inseparable. También
se refuerza otra condición necesaria para la monumentalidad moderna: la ciudad futurista requiere de la multitud o la masa para reafirmar la vocación colectiva de la metrópolis, el lienzo del arte futurista.
La monumentalidad en la obra de Sant'Elia partió de una base intui-
tiva que se constata en los dibujos para un monumento: objetos rui-
nosos, pictóricos, oscuros y masivos. Como un recordatorio de ese
periodo de transición, está la ambigüedad en el uso de los recursos
tecnológicos. La importancia que lo vertical supone en la constitución de la monumentalidad moderna no es un asunto menos relevante dado que el constructivismo –años después– definirá soluciones
programáticas por medio de rascacielos. En ese sentido, el rascacielos como síntesis moderna es también un instrumento que niega
el vínculo con la tradición por su propia lógica interna. La estructura
portante, el proceso de construcción y los materiales son producto
de la realidad y del conocimiento técnico del momento.

CIENTIFICISMO

La referencia al monumento con una base racional o científica fue
explorada por Karel Teige. Frente a la masividad en los cuerpos como
motivo de conmemoración, el crítico checo objeta la asociación con
la arquitectura del pasado. Para él, la calidad de la arquitectura se
mide en el grado de utilidad de la obra, que en otros términos es una
objeción a los motivos de representación y a su significado: "en vez
de monumentos, la arquitectura crea instrumentos".[13] En este punto
Teige falla al no advertir que –incluso– el monumento es, o puede

---

[13] La cita entera dice: "El criterio de la utilidad, el único criterio admisible para valorar la calidad de la producción arquitectónica, ha llevado a la arquitectura moderna
a abandonar los "cuerpos mastodónticos" de la monumentalidad y cultivar su cere-
bro: en vez de monumentos, la arquitectura crea instrumentos." Teige, Karel, *Anti-
Corbusier: textos completos de la polémica Karel Teige-Le Corbusier* (Barcelona: UPC-
ETSAB, 2008), p. 107.

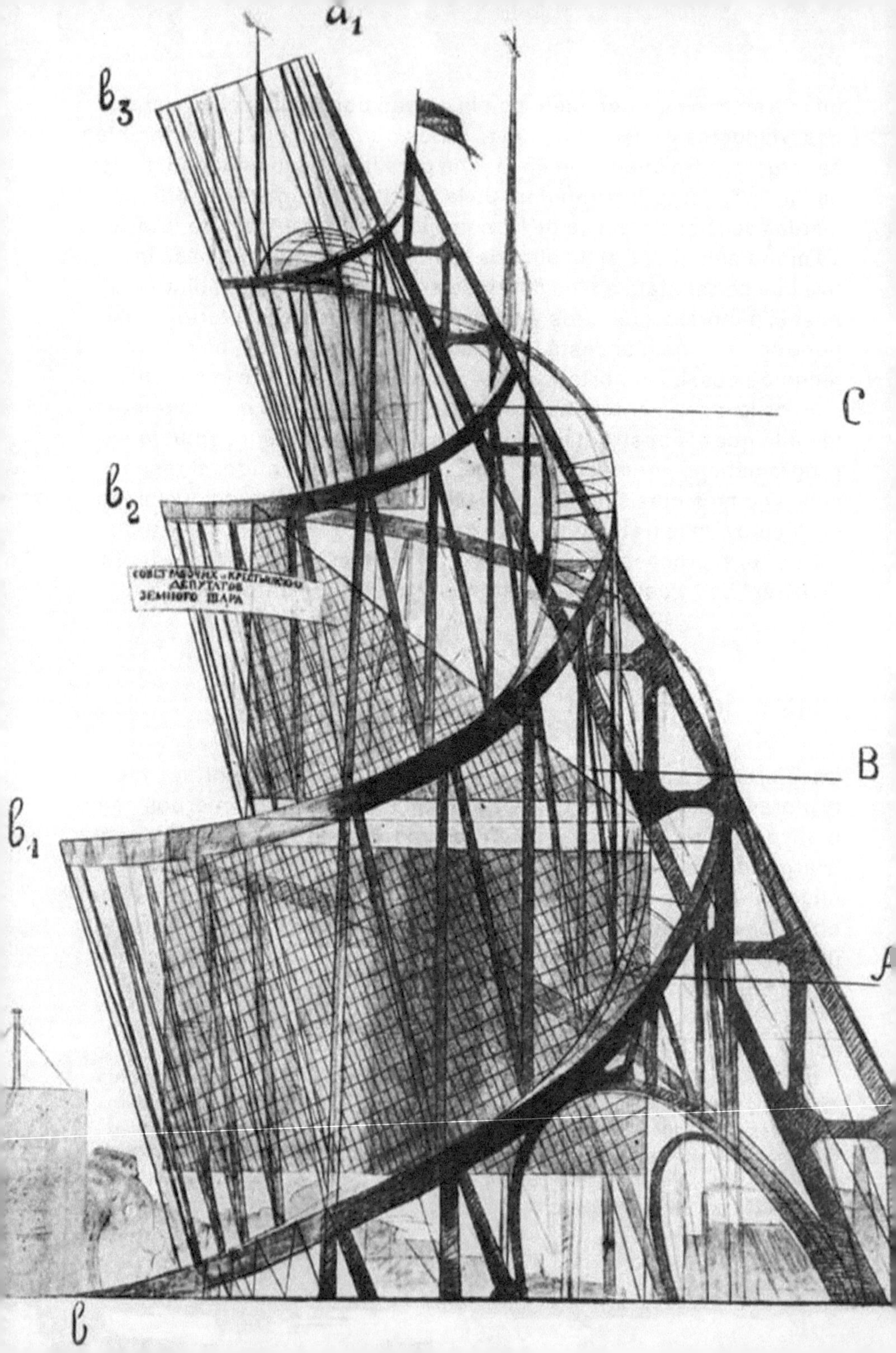

a₁
b₃
b₂
b₁
в
c
B
A
СОВЕТ РАБОЧИХ И КРЕСТЬЯНСКИХ
ДЕПУТАТОВ
ЗЕМНОГО ШАРА

ser, también un instrumento.[14] No hay más que recordar que una arquitectura con una convicción de transformación social radical como fue el constructivismo soviético, desde sus primeras manifestaciones, habría generado casos monumentales con un objetivo claramente instrumental, por ejemplo: la Torre de Tatlin (1919-1920). Por ello, al cuestionar los llamados criterios estéticos burgueses de Le Corbusier, materializados en hormigón, Teige contrapone como expresión material de lo moderno el trabajo estructural del acero. El academicismo de las proporciones se enfrenta a la ligereza simbólica de la estructura en acero, producto de la técnica y el conocimiento científico.

TATLIN

El artista ruso Vladimir Tatlin proyectó un monumento que aceptaba el sentido de reivindicación desprendido del código moderno. El Monumento a la Tercera Internacional (1919-1920) es rupturista porque se trata de un edificio con un funcionamiento programático bien definido: la estructura, un armazón metálico de doble helicoide, es un rascacielos de 400 metros de altura. Al interior se disponían cuatro volúmenes apilados uno sobre otro, el primer nivel conformado por un cubo, después un prisma triangular, arriba un cilindro y por último una semiesfera. Cada cuerpo giraría a razón de diferentes medidas temporales: año, mes, día y horas; estos contaban con funciones determinadas: se realizarían congresos, conferencias y asambleas; en la pirámide se agrupaban los órganos burocráticos y administrativos, mientras que el cilindro operaría como un centro de información. Este proyecto cambia radicalmente el paradigma del monumento como objeto "viejo" y "estático" para la contemplación conmemorativa, pues hay una contraposición dialéctica en el dinamismo de sus partes y porque la expresión estructural es visible. La espiral

[14] "Los hombres no pueden beneficiar a los que están junto a ellos, pero sí pueden beneficiar a los que vendrán después; y la tumba es el púlpito que puede propagar más lejos la voz del hombre." Ruskin, John, *Las Siete Lámparas de la Arquitectura* (Murcia: Colegio Oficial de Aparejadores y Arquitectos Técnicos de Murcia, 1989), p. 226.

es una señal de las nuevas posibilidades simbólicas emergentes, acordes con el conocimiento científico y técnico del momento. Sin embargo, no podemos ignorar que el proyecto de Tatlin, debido a su desmesurada escala, no escapa al monumentalismo grandilocuente. Tafuri señala la contradicción en el desarrollo del proyecto dado que "Tatlin había criticado duramente el programa de decoración monumental de las ciudades, promulgado por Lenin en 1918".[15] Con ello, la idea autónoma de construcción formal culminaba en una paradoja: la necesaria utilización de los instrumentos simbólicos del poder. Las sinergias del Monumento a la Tercera Internacional se reproducirán en numerosos proyectos del contexto soviético para confirmar la victoria colectiva[16] y el espíritu revolucionario a través de un edificio principal, solemne, único, integrador, que representa las más diversas aspiraciones comunales. ¿Es la torre una señal de la contradicción inherente en el proceso de transformación sobre el debate de la memoria? No por sí misma, pues el simbolismo del que hacemos referencia se estructura en función del orden económico y social nuevo. En su negación del romanticismo, el Monumento a la Tercera Internacional se apoya en la verdad geométrica y abstracta, una materialidad moderna que, en última instancia, es poética. Así, la torre no comunica lo que tradicionalmente el monumento expresa como dispositivo de la memoria. La virtud –y el problema– están en la novedad y en su capacidad para transmitir lo que usualmente se espera de este tipo de mecanismos: un problema *ad infinitum*.

[15] Tafuri, Manfredo, "El socialismo realizado y las crisis de las vanguardias", en *Socialismo, Ciudad, Arquitectura, URSS 1917-37: La aportación de los Arquitectos Europeos*, vol. *Comunicación* 23, Serie A (Madrid: Corazón, Alberto (ed.), 1973). p. 83.

[16] Dal Co, Francesco, «Ciudades y Monumentos», en *Socialismo, Ciudad, Arquitectura, URSS 1917-37: La aportación de los Arquitectos Europeos*, vol. *Comunicación* 23, Serie A (Madrid: Corazón, Alberto (ed.), 1973), p. 117-49. En Asor Rosa, Alberto *et al.*, *Socialismo, Ciudad, Arquitectura URSS 1917-37: La aportación de los Arquitectos Europeos*, vol. *Comunicación* 23, Serie A (Madrid: Alberto Corazón Editor, 1973), p. 118.

COLÓN

La representación más relevante sobre un monumento en la obra
de Leonidov corresponde con el concurso del Faro a Cristóbal
Colón en Santo Domingo (1929): un programa múltiple compuesto
por "cripta para los restos de Colón, una pista aérea operativa y
palacio presidencial dominicano".[17] En este ejercicio se presenta
con mayor claridad el sentido programático del monumento que
Tatlin ya había anticipado en el Monumento a la Tercera Internacional. Materialmente la propuesta de Leonidov apunta a la desapari-
ción del objeto, al considerar una gigantesca antena de 300 metros
sujetada por cables metálicos, con lo que evita los volúmenes
fastuosos. Los cables o tensores ya se habían visto en 1927 con la
propuesta para el Instituto Lenin. Estas decisiones se enmarcan
en la lógica de utilizar partes mecánicas, con la finalidad de hacer
evidentes los nuevos símbolos del progreso.[18] En este sentido, Leonidov da continuidad a sus propios planteamientos originales en
los que la tecnología[19] sustituía los antiguos motivos simbólicos de
representación historicista: proyecciones audiovisuales, un avión
y un dirigible se muestran en los dibujos del proyecto. La lectura
en planta es deudora del suprematismo, una composición de figuras geométricas básicas con círculos, cuadrados y líneas rectas.
En voz del propio arquitecto: "el monumento debe actuar como
un condensador de todos los logros y progresos del mundo",[20]
un planteamiento que previamente se hizo notar con Sant'Elia: el
proyecto del monumento moderno es inseparable de un programa.
Leonidov explora el sentido moderno de lo monumental como una

[17] González, Robert, "El concurso del Faro de Colón: Un reencuentro con el monumento olvidado de la arquitectura panamericana", *ARQ*, n.o 67 (diciembre de 2007),
p. 80.

[18] *Ibidem*, p. 84-88.

[19] "Gozak, Andrei; Leonidov, Andrei, Ivan Leonidov, *The Complete Works* (London:
Academy Editions, 1988), p. 16.

[20] Díaz, Miguel A, "Mástiles y Dirigibles", párrafos de arquitectura (blog), 2014,
http://madc-texts.blogspot.com.es/2014/07/mastiles-y-dirigibles.html.

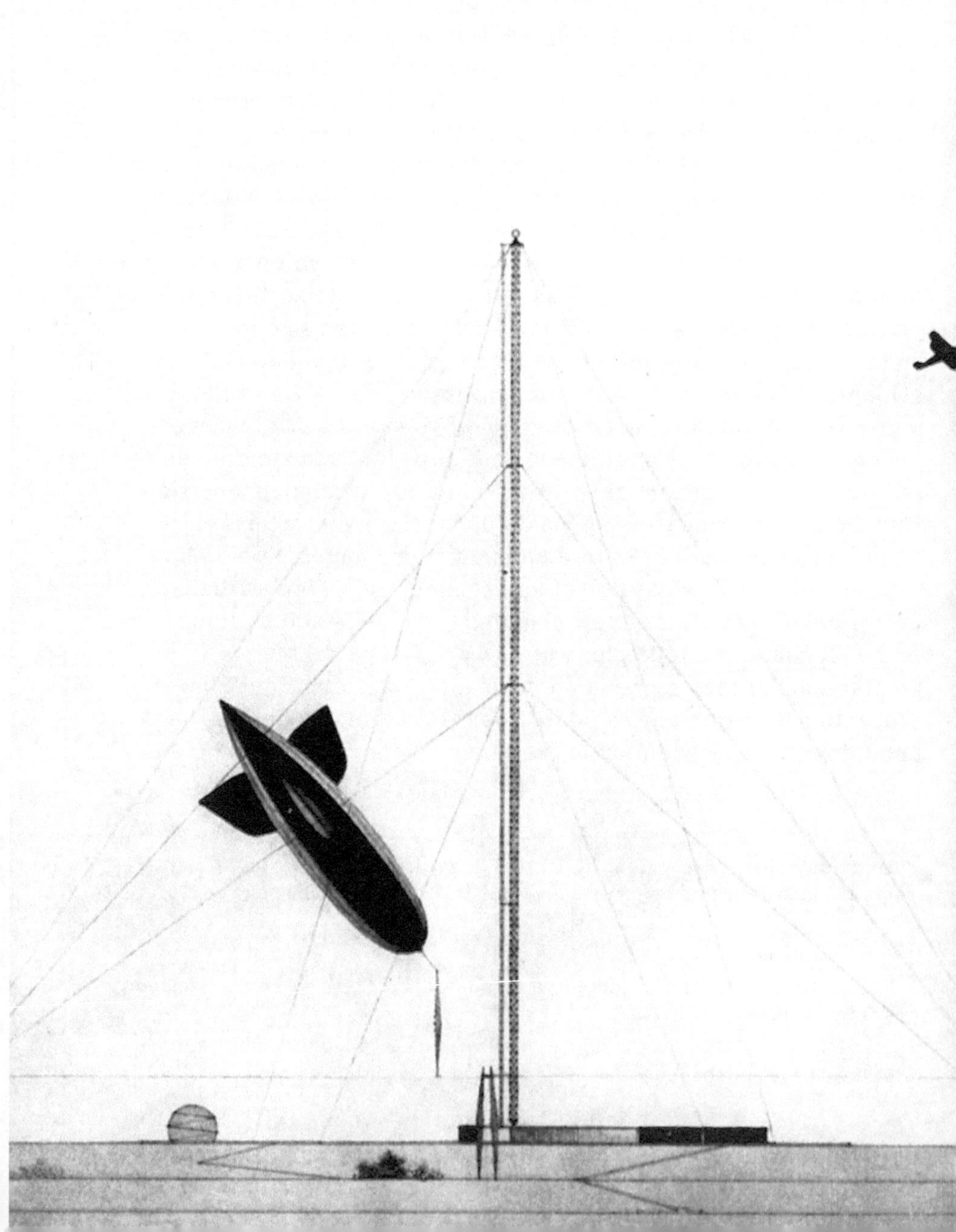

razón fundada en la abstracción y la geometría. En su investigación hay una intención revelada por quebrantar las referencias históricas tradicionales, al tiempo que se afirma el papel que los recursos tecnológicos tienen en la transformación del monumento muerto en un organismo vivo.[21]

[21] Gozak, Andrei; Leonidov, Andrei, Ivan Leonidov, *The Complete Works*, p. 17.

PROYECTO MONUMENTAL
(MODERNO)

ACCIDENTE

Cuando Philip Johnson y Henry-Russell Hitchcock organizaron en 1932 la exposición de arquitectura moderna en el MoMA de Nueva York, establecieron tres principios fundamentales para definir lo moderno: énfasis en el volumen y no en la masa, regularidad en lugar de simetría axial y eliminación de ornamentos arbitrarios. De tal suerte, además de eliminar de un plumazo la complejidad y diversidad de las corrientes europeas de los años previos, los comisarios abrieron el camino para monumentalizar[1] casualmente a la producción arquitectónica moderna por medio de la diferenciación visual o el contraste con lo existente. La modernidad, reducida a un simple "estilo", adquiría así un valor memorable, único, sobrio y sorprendente, gracias a la abstracción geométrica, la austeridad cromática y a los elementos constructivos novedosos; con lo que se descartaban los parámetros previos de orden, materia y composición. Los términos propios de esta monumentalidad son constituidos en relación con lo inusual,[2] por el contraste de la nueva arquitectura en el medio urbano consolidado o en el contexto rural con sus particularidades.

De la experiencia de la Corona de la Ciudad, definimos una triada denominada "condicionantes proyectivas del monumento": disposición, aislamiento y elevación.[3] La misma que puede identificarse en

---

[1] *Monumentalizar* según el diccionario RAE: 1. tr. Dar carácter de monumental a algo.

[2] En este sentido, lo novedoso del fenómeno no tardaría en agotarse, aunque no fue hasta después de la Segunda Guerra Mundial cuando verdaderamente se consolidaría y diluiría esta idea de *contraste*. Crasemann-Collins, Christiane; Collins, George, "Monumentality: A Critical Matter in Modern Architecture", *Harvard Architecture Review* 4, n.o Spring (1984), p. 16.

[3] Simón Marchán profundiza sobre los "motivos" que habrán de recuperarse por el expresionismo y que aquí se consideran como argumentos recurrentes en la discusión de lo monumental en la modernidad: "La catedral expresionista del futuro retoma casi al pie de la letra estos dos motivos: la separación –*Absonderung*– y la elevación –*Erhebung*–. Este último en su doble acepción: la espiritual, la del efecto –el *Wirkung* romántico– y la física o topográfica." Ver Marchán Fiz, Simón, *Contaminaciones figurativas: imágenes de la arquitectura y la ciudad como figuras de lo moderno* (Madrid: Alianza Editorial, 1986), p. 85.

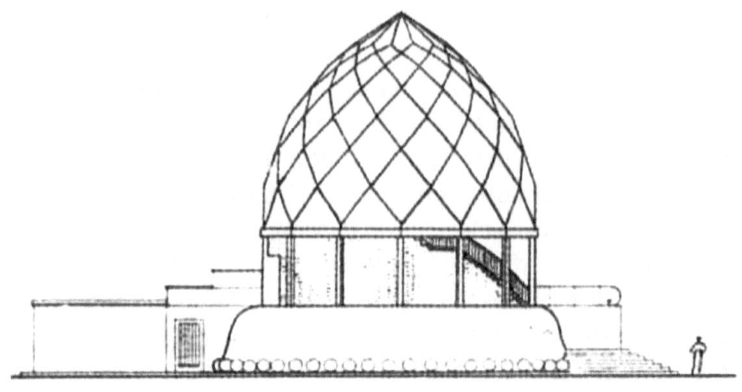

Seiten-Ansicht.
Erdgeschoss Ornament-
Raum
Obergeschoss Glassaal. 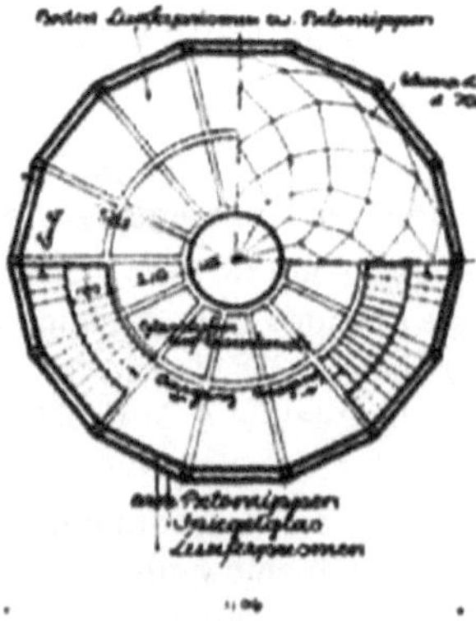
Masstab 1:100

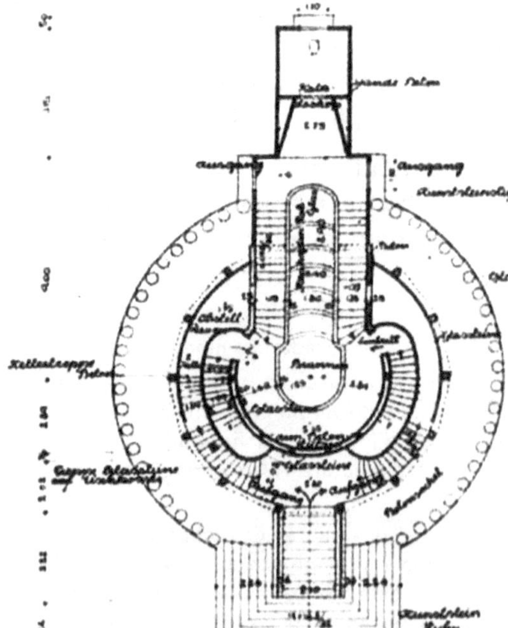

muchos de los proyectos hábilmente seleccionados para la muestra de Nueva York: se trate de una residencia apartada en medio del campo –el caso de la Villa Savoya de Le Corbusier– o algún rascacielos –el edificio PSFS de Howe y Lescaze en Filadelfia– insertado en la bulliciosa traza de la ciudad. La lectura plástica determina por completo la idea de lo monumental para la modernidad. Se trata de una continuidad de motivos que no se deben a la tradición en términos calcados, sino de condiciones que la propia arquitectura genera a través de objetos únicos dispuestos en entornos diferenciados. Aún así, la evolución que los programas comunales o masivos tuvieron durante este periodo, así como su relación con la escala, el sentido de representación, la conformación de valores nuevos y las recientes posibilidades constructivas, deben ser tomados en cuenta como elementos más auténticos en la definición de la expresión monumental moderna.

LOOS

Adolf Loos fue un personaje puntual en el juicio crítico sobre lo monumental y lo moderno, en 1910 escribe: "Sólo hay una pequeña parte de la arquitectura que pertenece al arte: el monumento funerario y el monumento conmemorativo. Todo lo demás, lo que sirve para un fin, debe quedar excluido del reino del arte".[4] La sentencia contiene una dosis aforística con proyecciones al escritor Karl Kraus, amigo de Loos, con la que expone las diferencias entre lo útil y lo artístico. Loos toma dos figuras materiales –objeto artístico (obra de arte) y objeto funcional (casa)– para contraponer conceptos excluyentes: por un lado la idea de *casa* como –lo útil– parte de un ámbito conservador, necesario, funcional que no busca movilizar la condición del usuario. Por otro lado, la obra de arte –como contraria– es autónoma, revolucionaria, personal y visionaria, pero no por ello necesaria. Si se

---

[4] Extraído de Loos, Adolf, "Architektur [trad. Arquitectura]", *Der Sturm*, 15 de diciembre de 1910. Ver en Loos, Adolf, *Escritos II, 1910-1932*, ed. Opel, Adolf; Quetglas Josep, Biblioteca de Arquitectura 2 (Madrid: El Croquis, 1993), p. 33.

VORTRAG

VERANSTALTET VOM AKAD.
ARCHITEKTEN VEREIN.

ADOLF LOOS:
ORNAMENT
UND
VERBRECHEN.

FREITAG, DEN 21. FEBRUAR 1913,
½8ʰ ABENDS IM FESTSAAL DES
ÖSTERR. ING. U. ARCH. VEREINES,
I. ESCHENBACHGASSE 9.
KARTEN ZU 5, 4, 3, 2, 1 K
BEI KEHLENDORFER

12. MÄRZ:
MISS LEVETUS: ALTENGL. KATHEDRALEN.
MITTE MÄRZ:
DR. HABERFELD: ÜBER ADOLF LOOS.

elabora una relectura completa de todo el contexto de la frase, pareciera que Loos –además de definir la independencia de los conceptos funcional y artístico– en cierto sentido no niega absolutamente las posibilidades de que la arquitectura y "el arte" –específicamente a través de lo simbólico o representativo en el caso del monumento– sean compatibles. Es decir, la arquitectura además de objeto útil, es –en determinados casos– conmemorativa y monumental. Tournikiotis apunta al respecto que cuando Loos habla de la tumba no anticipa una connotación literal, ni negativa, dado que la casa como la tumba trascienden en calidad de "valor(es) absolutos de la sociedad".[5] Aquí un señalamiento pertinente: la crítica parte de la contraposición a la revolución tecnológica de la que Loos nunca se sintió partidario. Este es un punto significativo para señalar cierta incompatibilidad entre las nociones de lo monumental y lo moderno, debido a que la práctica de Loos produjo algunos casos que confirmaban características monumentales y conmemorativas.

CHICAGO

En 1922 Adolf Loos envía desde Francia su propuesta para el concurso internacional de la nueva sede del Chicago Tribune. La convocatoria, que solicitaba "erigir el más bello y distintivo edificio de oficinas en el mundo", tuvo una nutrida participación que recibió más de 260 propuestas provenientes de distintas regiones del planeta. El diseño se conformó en torno al tipo del rascacielos, que a su vez generó dos grupos de proyectos. Por un lado, los de orden conservador –cuyas gesticulaciones formales estaban plagadas de elementos historicistas– y por otro lado las torres de cristal, volúmenes regulares, formas abstractas y simplificadas. El proyecto de Loos, parte del primer grupo, reproducía literalmente la forma de una columna dórica con

---

[5] Dice el autor que: "la tumba de Loos es figurativa y no debe confundirse con los mausoleos en los cementerios. Su 'montículo... en la forma de pirámide' está situado en un bosque... es un símbolo abstracto, un ícono arquitectónico irreductible." Ver en Tournikiotis, Panayotis, *Adolf Loos*. Traducción del autor, p. 21.

basa, fuste y capitel. A la distancia, la desconcertante idea puede entenderse como el fetiche con el que Aldo Rossi[6] justificaba la necesidad de una arquitectura simbólica, tradicionalista y alegórica, durante el auge posmoderno más caricaturesco. La contradicción de Loos con la propuesta del Chicago Tribune se explica parcialmente por la huella que los estilismos de la arquitectura norteamericana produjeron en su viaje de juventud a ese país. Dicha arquitectura local que, en su aparente actualidad, no se desligaba de falsos signos históricos que imperaron a inicios del siglo XX. El carácter figurativo en la propuesta del Chicago Tribune es, según Loos, un motivo que celebra la ausencia de ornamento. En la torre/columna hay sobriedad plástica en función de la elección de un material único: el granito negro. En ese sentido, la idea de lo monumental busca producir un efecto de unidad visual aprovechando las grandes dimensiones del proyecto. No obstante, por sí solo, este procedimiento es insuficiente para contrarrestar el clasicismo figurativo y anti-moderno del edificio. La configuración unitaria, relacionada con la pieza única y la gran escala, se repetirá en otros casos que aparecerán más adelante en el siglo XX. Es por lo menos discutible que con relación a los temas de gran escala, representación, simbolismo, simetría o composición, sea la modernidad norteamericana el referente crítico en la obra de Loos.[7] Adolf Loos busca ser menos literal, su intención es adaptar –fuera del contexto original– a las formas provenientes del lenguaje clásico para "ser apropiadas por las grandes culturas modernas".[8] Asimismo, no rechaza la historia, pues se apoya en ella como fundamento en el sentido de continuidad de la estructura original. Su detracción del ornamento no interfiere en ningún momento con la importancia que la tradición significa para sus proyectos más urbanos: el discurso afecta a las pretensiones artísticas más no al monumentalismo.

[6] Gravagnuolo, Benedetto, *Adolf Loos: Teoría y Obras* (Madrid: Nerea, 1988), p. 13.

[7] Sobre la fascinación por el "gigantismo" como medio de significación arquitectónica –actitud más *monumentalista* que portadora de *monumentalidad*– y como prueba sobre el asunto de la flexibilidad en la arquitectura artística, Gravagnuolo sitúa la influencia que los Estados Unidos nuevamente significaron en la obra de nuestro arquitecto vienés. Gravagnuolo, Benedetto, p. 48.

[8] Tournikiotis, Panayotis, *Adolf Loos*. Traducción del autor, p. 138.

PROCESO

Sobre la instrumentalización de la condición monumental, el caso de
la Rusia soviética involucraba al arte y la arquitectura con intención
de reforzar el nuevo escenario político. Lo monumental se define por
un proceso dinámico que no evitará su "deformación": inicia con una
fase experimental que se perdió más tarde en el afianzamiento del
sistema burocrático, cuya verdadera expresión se centró en el colosalismo reduccionista emanado de la "tradición" neoclásica. El proceso que aquí sugerimos se vincula con el interés de las autoridades
revolucionarias para identificar[9] el verdadero impacto que los nuevos
dispositivos generaban en su contexto inmediato. Es decir: hay una
medida temporal que atiende al momento político, cuya importancia
estaba dada por la sustitución de los viejos monumentos y el borrado
del registro anterior, con la intención de llenar el vacío provocado por
el cambio de la estructura política. Lo monumental equivale al esfuerzo con que se construye la nueva sociedad, a través de toda una idea
sobre la infraestructura y el modelo de ciudad moderna con proximidad a las masas populares.

[9] "Prueba de ello son, además de los recuerdos gráficos, los escritos de Lunachars-
ki, la curiosa Lista de personas a las que se propone levantar monumentos en Moscú
y en otras ciudades... (2 de agosto de 1918) o el escrito dirigido por Lenin a los comisarios de Instrucción Pública y del Patrimonio Artístico de la República (...) 'Se les
invita a presentar sin demora datos acerca de los que se ha hecho exactamente para
cumplir el decreto del 13-IV-1918, en particular sobre: 1) retirada de viejos monumentos, 2) sustitución de los mismos con otros nuevos, aunque sean provisionales y 3)
sustitución de las viejas inscripciones en los edificios públicos con otras nuevas (&
5 del decreto) // Es imperdonable la dilación de dos meses en el cumplimiento del
decreto, importante por igual desde el punto de vista de la propaganda y desde el
punto de vista de la ocupación de los parados' (15 junio de 1918)." En Alberto Corazón, *Constructivismo*, p. 20-21.

ПРОЛЕТАРИИ
УНОВИС 1920

PALACIO

En 1923 los hermanos Vesnin realizaron la propuesta para el Palacio del Trabajo, un concurso convocado por la Sociedad de Arquitectos de Moscú. Con ese proyecto se demuestra que la utopía (pos)revolucionaria de los años veinte, promovería vías deliberadas en beneficio de una monumentalidad austera, funcional y lógica. Bajo estos principios de la razón moderna, se instaura un nuevo paradigma de tipos dado que el palacio deja de ser un recinto a la usanza romántica. La representación de un espacio colectivo interior se desarrollará por medio de volúmenes programáticos (un auditorio para 8000 delegados con pared móvil que separaría otro espacio para 2500 representantes obreros),[10] modulaciones, antenas y cables; que configuran los elementos de una racionalidad constructiva y tecnológica del momento. El ideólogo del constructivismo M. Gínzburg, asociaba el carácter multitudinario del programa con el talante monolítico: la escala de la forma está dictada por la lógica interna. En el desarrollo posterior de la monumentalidad arquitectónica moderna, se repetirá el planteamiento del edificio único y más tarde con el tipo del rascacielos. El credo[11] constructivista es un punto de partida esencial para entender la importancia que la estructura tiene en la evolución de una monumentalidad alejada de las configuraciones clásicas. En este sentido, lo monumental en la modernidad define el requisito de un programa y su vínculo con la interacción de las masas.

[10] Gínzburg, Moisei, "Itogi i perspektivy [trad. Resultados y Perspectivas de la Arquitectura Moderna]", *Sovremennaia Arkhitektura* (SA) n. 4-5 (1927), p. 112-119. En Gínzburg, Moisei, *Moisei Gínzburg: escritos, 1923-1930*, ed. Garrido, Ginés, Biblioteca de Arquitectura 12 (Madrid: El Croquis, 2007), p. 318.

[11] "El "credo" de A. Vesnin (...) proclama la racionalidad estructural de la forma, pero al mismo tiempo habla de la influencia que todo el espíritu de la vida moderna ejerce sobre la forma, plantea el problema de la influencia psicofisiológica de la forma sobre la persona y reconoce la importancia del estudio de los elementos formales." Jan-Magomédov, S.O., "El constructivismo: corriente artística del vanguardismo arquitectónico (Alexandr Vesnin)", en *Las cien mejores obras maestras del vanguardismo arquitectónico soviético*, edición bilingüe (Moscú: Editorial URSS, 2004), p. 56.

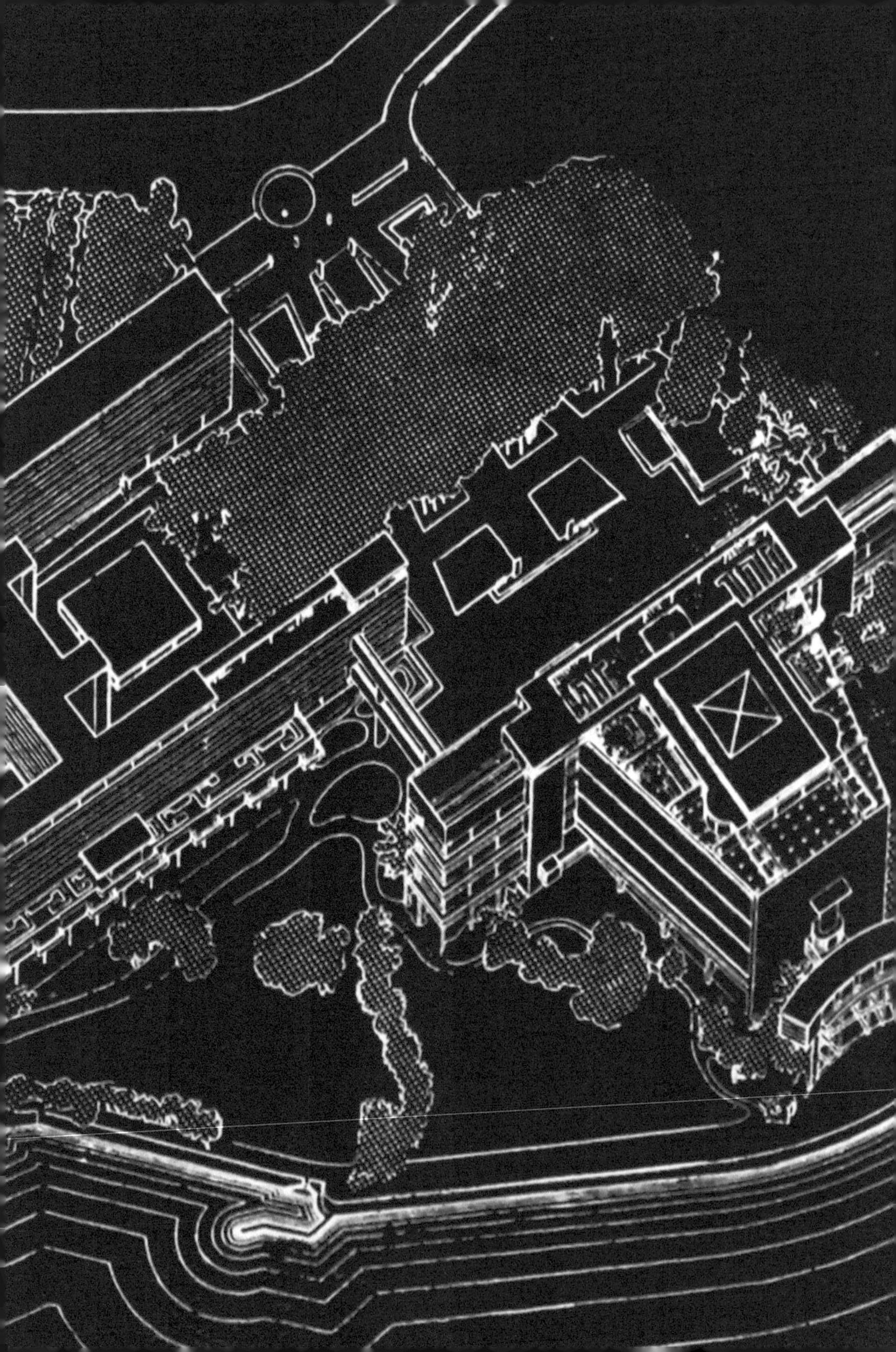

SEDE

La propuesta de Le Corbusier para la Sociedad de Naciones del año 1927, inaugura la etapa en que el desarrollo progresivo de la arquitectura está más cerca de los estratos del poder como herramienta de difusión del nuevo paradigma. Si bien el concurso de 1922 para la nueva sede del Chicago Tribune fue –aunque fallido– un primer paso en la definición de un adecuado símbolo moderno; la trascendencia de lo que culminaría con la sede de las Naciones Unidas es de mayor alcance político y arquitectónico para el proyecto como objeto de crítica sobre lo monumental. Los programas de representación fueron un operador de la condición monumental en la modernidad, que simbolizaban a las instituciones por medio de nuevas formas y posibilidades espaciales. Este conjunto incipiente tiene ecos en casos específicos como son las oficinas del Centrosoyuz (1928-1933) en Moscú, las propuestas modernas del Palacio de los Soviets (1931-1933), la variación norteamericana más propensa a la representación económica como el Rockefeller Center (1931-1939) o el complejo de las Naciones Unidas en Nueva York (1949-1952), entre otras. Dicha organización programática aspiraba a convertirse en un elemento simbólico de renovación urbana y social de un tiempo y lugar determinados. Como es sabido, la propuesta de Le Corbusier fue menospreciada por un jurado dividido y el proyecto habría de quedarse como un instante más en la investigación de la monumentalidad moderna.

INSTITUTO

El proyecto del Instituto Lenin de Ivan Leonidov representa uno de los ejercicios más importantes del constructivismo soviético: como solución de una arquitectura completamente nueva, ligera, dinámica, abstracta y vertical. Entre las aportaciones más notables en la obra de Leonidov está la organización de nuevos programas socioculturales como catalizadores del espacio moderno. El proyecto, aunque describe cualidades únicas en términos de autonomía, también se implica en la idea del conjunto arquitectónico que repercutirá

extraordinariamente en el desarrollo de la ciudad de mediados de siglo. Es importante señalar que las pretensiones del futurismo italiano de la Città Nuova caminaban en el mismo sentido. Una constante fundamental en la obra de Leonidov fue la interacción espacial entre los volúmenes, Khan-Magomédov dice "Leonidov (...) otorga el papel principal a las formas simples para la solución representativa".[12] Cualidades que serían fundamentales para la arquitectura de representación de la segunda mitad del siglo XX. Las influencias estéticas y artísticas del arquitecto ruso se basaban en el ideario producido por su propio contexto: desde el Suprematismo de Malévich, los Prouns del Lissitzky y el símbolo de Tatlin con el Monumento a la Tercera Internacional. En dicho universo la idea dinámica está implícita, exactamente como una aspiración que confirmaba el nuevo orden. De ahí deriva que la idea puntual de Leonidov suele ser vertical: el proyecto para el diario Izvestia (1926), el depósito de libros del Instituto Lenin (1927), la Sede de la Industria (1929), o los rascacielos sobre la plataforma del Ministerio de la Industria Pesada en la Plaza Roja de Moscú (1934). El Instituto Lenin trascendió su momento como una de esas utopías que no lograría construirse, simplemente pensado como un ejercicio de fin de grado, su influencia y vigencia continúan hasta nuestros días. La monumentalidad del proyecto, no explícita en términos tradicionales, ilustra que los mecanismos para alcanzar ese objetivo pueden surgir indirectamente como respuesta a los requerimientos de su tiempo.

VESTIGIO

Aunque no hay referencias directas a la tradición durante la primera fase de Leonidov (1926-1933), en el concurso del Palacio de la Cultura para el Proletariado (1930) aparece una desconcertante pirámide en la zona central del conjunto. Sin embargo, la pirámide, por sí misma, no fue un elemento constate en su obra. En cambio, es posible extraer un lenguaje abstracto conformado por cuerpos y volúmenes simples

[12] Jan-Magomédov, S.O., "Leonídov: el poeta de la forma pura", p. 70.

con una disposición bien definida. La conexión entre la pirámide monumental y los cuerpos geométricos puros se debe a la yuxtaposición de los mismos en el espacio con una intención compositiva. La conformación de espacios intersticiales habría de encontrar un sitio relevante en el discurso posterior de Giedion con relación a la Nueva Monumentalidad. En el ambiente general de los años treinta y su indisociable temporalidad política, el movimiento avanzado de arquitectura surgido al hilo de las vanguardias llegaría a su fin. Como es sabido, los grandes maestros modernos experimentaron procesos similares en sus trayectorias. Hacia bien entrada la década se buscó recuperar una tradición contrapuesta al reduccionismo del discurso maquinista imperante en los años previos.

MUNDANEUM

El crítico checo Karel Teige tuvo un posicionamiento concreto con relación a la monumentalidad, cuando en 1929 publicó el artículo titulado "Mundaneum". El texto era una crítica abierta y reactiva al proyecto de Le Corbusier para el Museo Mundial promovido por Paul Otlet en Ginebra. Teige trataba, en esencia, de abanderar la idea funcionalista de la arquitectura, que distinguía la necesidad de reconocer a la disciplina como ciencia y denunciar la inoperatividad de la llamada arquitectura artística. El rechazo al proyecto del Mundaneum se sustentaba en la desvinculación de las condiciones sociales y económicas del momento. Pero el análisis de Teige tiene mayor profundidad pues impugna el orden clásico menos visible en los planteamientos de Le Corbusier: la sección aurea, los ejes compositivos, trazados reguladores, la proporcionalidad y en general aquello que llamaba "fórmulas estéticas".[13] Karel Teige defiende los principios constructivistas –que interpretaba de manera particular– y sostiene la teoría que toma a la materia, la función y la utilidad como los componentes de la llamada "arquitectura científica".[14] En ese sentido, Teige fue contrario a la idea de composición como razón del proyecto moderno, a la pre-concepción de las formas, así como a la arbitrariedad geométrica, estética y abstracta. El tono drástico de su discurso advierte de modo visionario la anti-modernidad de los criterios formalistas que habrían de proliferar con los regímenes totalitarios. En el caso específico de Le Corbusier, también anticipa la etapa posterior a la guerra con los proyectos

[13] Como es sabido, las cuestiones de los trazados reguladores y la sección aurea fueron condensadas en Vers une Architecture en el año 1923, aunque su precedente son las publicaciones de *L'Esprit Nouveau* aparecidas desde 1920. Por ello el distanciamiento ideológico de Teige con Le Corbusier –aunque tardaría en manifestarse dado el entusiasmo que le generó inicialmente el arquitecto en el crítico checo– es previsible en la misma base del discurso *corbusiano*. Es debido anotar que la evolución ideológica de Teige –durante la segunda mitad de la década de los años veinte– radicalizaría sus planteamientos hasta adoptar un posicionamiento contrario al sostenido por Le Corbusier. Teige, Karel, *Anti-Corbusier: textos completos de la polémica Karel Teige-Le Corbusier* (Barcelona: UPC-ETSAB, 2008), p. 104.

[14] *Ibidem*, p. 13.

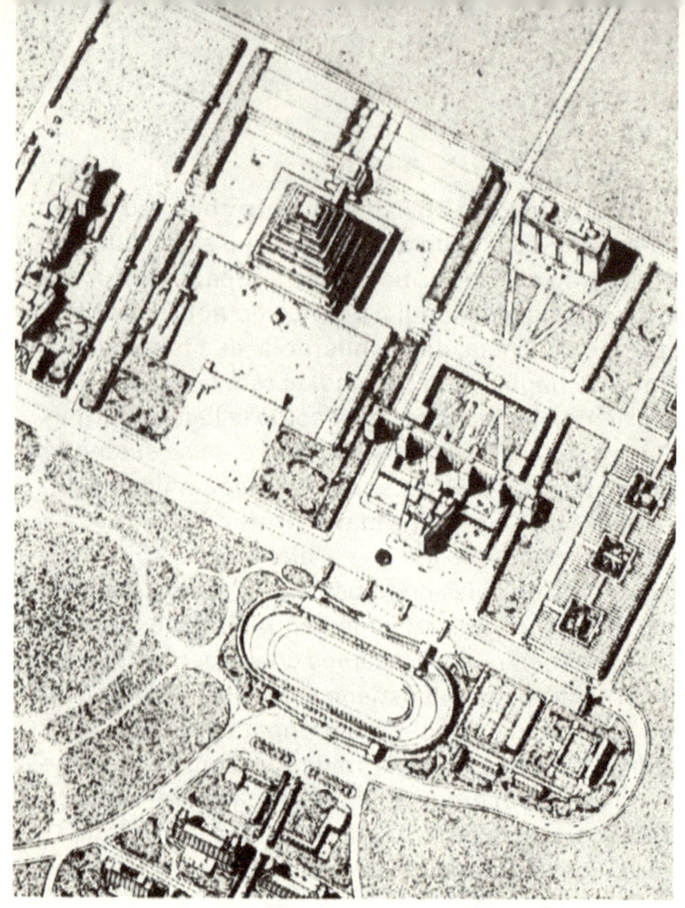

más orgánicos, escultóricos y monumentales en términos conocidos.
La cualidad de lo moderno –en este contexto– está presente en la
arquitectura desde el análisis racional del programa. La composición
como criterio de diseño se opone a la solución estructurada por medio
de la "realización y construcción". Dice Teige: la composición es "el
error arquitectónico del Mundaneum".[15]

[15] Teige, Karel, "Mundaneum", Stavba VII no. 10 (1929): 145-55. En Teige, Karel, *Anti-Corbusier: textos completos de la polémica Karel Teige-Le Corbusier*, p. 105.

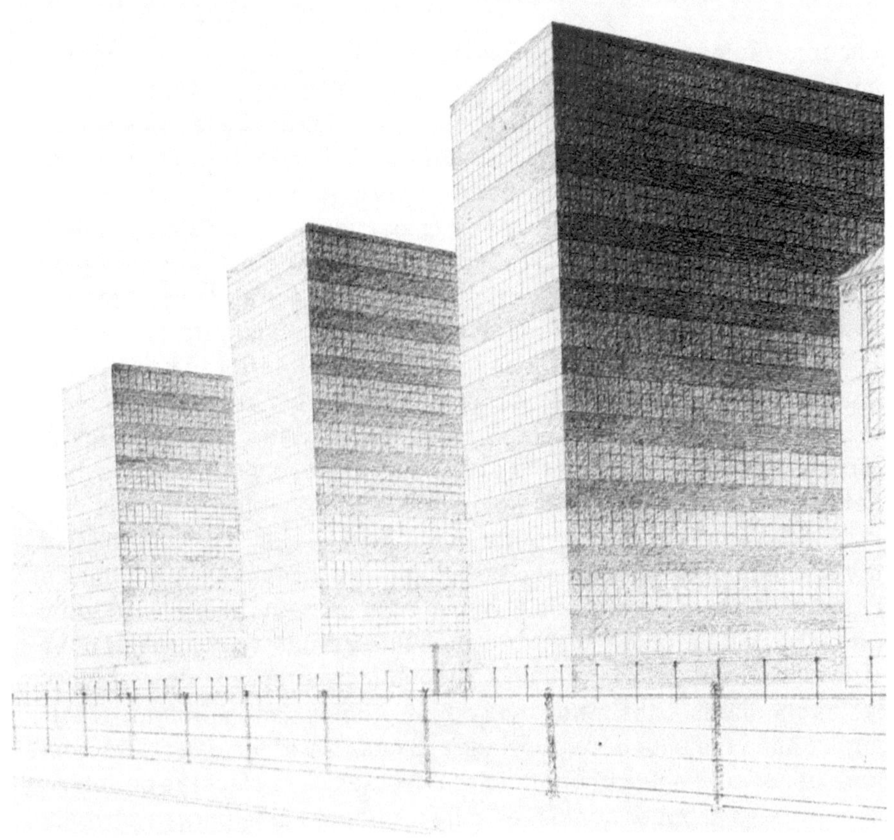

REICHSBANK

A partir de 1933 y debido a la crispación que dominó las esferas política y cultural con el ascenso del NSDAP al poder, la representación monumental para la modernidad quedaría contaminada debido a la sombra autoritaria. No obstante, el exilio de los arquitectos europeos agitó directamente la necesidad de discutir los asuntos de representación desde "las nuevas formas" o en términos verdaderamente modernos.[16]

[16] Crasemann-Collins, Christiane; Collins, George, "Monumentality: A Critical Matter in Modern Architecture", *Harvard Architecture Review* 4, n.o Spring (1984), p. 14-35.

El concurso para la sede del Reichsbank del mismo año, dio lugar
a una transición que encaminó la obra de Mies van der Rohe bajo
la influencia del clasicismo. Un paso que se dirige de la "asimetría
informal a la monumentalidad simétrica",[17] sin perder del todo la abstracción propia del contexto moderno. El esquema del Reichsbank se
organiza en torno a dos patios centrales que en esencia parten de la
planta neoclásica, aunque se distorsiona lo ortogonal por medio de un
tipo de cuña. El resultado exterior presenta tres grandes volúmenes
alineados con cierta disposición militar y un tratamiento muy austero.
En alzado se leen las divisiones de los niveles interiores por medio de
unas franjas horizontales que diferencian visualmente el cerramiento. Este proyecto es relevante como primera exploración –técnica y
formal– que habría de guiar la obra de Mies tras su migración a los
Estados Unidos. El entusiasmo de Philip Johnson fue retratado en un
texto denominado "Architecture in the Third Reich" (1933): "Si Mies
construyera este edificio, ello consolidaría su posición. Un buen Reichsbank moderno satisfaría el nuevo afán de monumentalidad, pero
por encima de todo demostraría a los intelectuales alemanes y a los
países extranjeros que la Nueva Alemania no pretende destruir todas
las espléndidas artes modernas construidas en años recientes."[18] La
equivocada tesis de Johnson valida la capacidad de los arquitectos
para beneficiarse de circunstancias adversas. Sus palabras denotan esa
confianza en el poder como medio de transformación para desarrollar
programas que anteriormente fueron truncados.

REPRESENTACIÓN

Las muestras de la arquitectura fascista italiana se plasmaron en la Ciudad Universitaria y el Foro Itálico en Roma, palacios de justicia y correos,
estaciones de trenes, estadios y escuelas. Una arquitectura instrumental

[17] Frampton, Kenneth, "La Arquitectura y el Estado: ideología y representación, 1914-
1943", en *Historia crítica de la arquitectura moderna*, sexta edición ampliada (Barcelona: Gustavo Gili, 1993), p. 234-235.

[18] Frampton, Kenneth, *Historia crítica de la arquitectura moderna*, sexta edición
(ampliada) (Barcelona: Gustavo Gili, 1993), p. 234.

que no negaba una contradicción determinante: la pulsante desconexión entre forma y materia o la auténtica congruencia con su espacio y tiempo. Mussolini, al igual que el Führer con Berlín, tuvo majestuosas ideas de renovación urbana para Roma desde el año 1925. El arquitecto fascista Marcello Piacentini estaba a cargo de los planes que –según W. Curtis– eran una mezcla de teatralidad, funcionalismo y propaganda: calles rectas intervendrían el tejido urbano para vincular los monumentos más importantes con los diseños elaborados de manera conjunta por el *Duce* y Piacentini. Quizás como herencia del programa futurista, Mussolini imaginaba la brillante convivencia de las ruinas históricas con la eficiencia y velocidad de la metrópolis moderna.[19] En ese orden, un proyecto que abordó la representación ligada al poder desde una monumentalidad deliberada fue el concurso del Palazzo Littorio (1934) en Roma. Este ejercicio combinaba el significado conmemorativo –memorial– y resolvía el programa para la sede del partido fascista italiano. En una propuesta de G. Terragni es visible un enorme muro curvo "flotante" de 80 metros de ancho cuyo centro se perforaba para abrir una tribuna para los discursos del *Duce*. El muro pulido de pórfido contrastaría con edificaciones como el Coliseo y la Basílica de Majencio. No obstante, el proyecto mostraba el verdadero rostro del espectáculo fascista con su imposición y pesadez: el líder aparece sobre la multitud a través del muro, su posición es central y elevada, debajo un pueblo atento lo escucha desde el anonimato, la fascinación y la sumisión.

DANTEUM

G. Terragni dio su versión particular sobre la representación monumental de la tradición con el proyecto del Monumento a Dante o Danteum (1938). Con este ejercicio simbólico inspirado en la Divina Comedia, el diseño configura un recorrido a través de diferentes compartimentos, representaciones alegóricas y sucesivas del Infierno, el Purgatorio y el Paraíso, en planta rectangular. Cada espacio es distinto, por ejemplo: el

[19] Curtis, William J.R., "Totalitarian Critiques of the Modern Movement", en *Modern Architecture since 1900*, Third Edition (London: Phaidon, 1996), p. 360.

Paraíso ocupa la posición final en el recorrido, el interior es translucido y se organiza mediante una retícula de columnas (imposibles) de cristal. Mientras que el Infierno recrea un espacio sombrío por medio de cubiertas planas que apenas dejan penetrar la luz: el elemento que guía y contrasta con la oscuridad imperante. Aunque la obra de Terragni manifiesta parcialmente la pretensión retórica de las arquitecturas del poder, se distingue de las referencias simbólicas explotadas por los pastiches totalitarios. Una visión que contrasta con ese paradigma ideológico basada en el razonamiento material y constructivo más cercano a la realidad.

LA ANOMALÍA

INSTRUMENTO

Desde el siglo XVIII, en términos modernos, surge la instrumentalización de la arquitectura como medio de control. La invención
del sistema carcelario del panóptico, por el filósofo inglés Jeremy
Bentham, facilitó al poder un lugar de "control omnipresente y liviano
basado en la visión y la luz, (el) vacío y la posición levada"[1] que antes
era inexistente. Hacia la década de los años treinta del siglo pasado,
no es exagerado hablar de factores que derivaron directamente del
razonamiento ilustrado de Bentham: establecer un control sobre el
individuo. Pensemos, por ejemplo, en la evolución del sujeto cautivo
en una celda del siglo XVIII, a la de aquel que –desde una relativa
libertad en el espacio– participa en concentraciones multitudinarias
en estadios o foros exteriores. Aunque en lo evidente hay una alte-
ración en los medios de acción, en el fondo se mantiene la desacti-
vación del individuo como agente emancipado. En palabras de Lewis
Mumford: cuanto más grande la multitud, más desprovista de sentido
es su función.[2]

ARQUEOLOGÍA

La permanencia y la utopía se plasmaron en una arquitectura que no
logró trascender los límites del dibujo: ese espacio de investigación
con el que se experimentaba libremente con la enormidad. El historiador Sigfried Giedion identifica el origen de la falsa monumentalidad
(o monumentalismo) en la denominada "arquitectura de papel" de
Durand. Las lecciones del arquitecto francés fueron un intento racionalista para generar tipos que facilitaran el proyecto de una arquitectura representativa. Sin embargo, una estampa previa sobre el gigan-

[1] Montaner, Josep M.; Muxí, Zaida, *Arquitectura y política, ensayos para mundos alter-*
nativos, primera edición (Barcelona: Gustavo Gili, 2011), p. 30.

[2] Mumford, Lewis, "Aceptación de los Inconvenientes", en *La Cultura de las Ciudades*,
vol. Tomo II (Barcelona: Emecé, 1945), p. 55.

tismo también está en otra arquitectura de papel, con un carácter más individual y artístico, en los dibujos de Ledoux o Boullée. La crítica a esos proyectos reside en la negación de la escala humana con su colosalismo desbordado, a la ciudad (como espacios que miran casi siempre al interior) y en su desconexión con el sitio en el que aparecen (hay pocos rastros del medio físico). Hay una tendencia a la celebración del objeto como ente aislado, pero incapaz de sustentarse en criterios constructivos reales: una herencia del mal gusto burgués devenido en gusto dominante que alcanzará a tanta mediocre arquitectura artística.

MONUMENTALISMO

El monumentalismo es la manifestación antitética de la monumentalidad: visible, altisonante y tiene intenciones precisas: produce emociones, aliena al colectivo social y simboliza las ideas del poder dominante. A partir de la conformación de mitos románticos –fértiles a finales del siglo XVIII y a lo largo del siglo XIX– el monumentalismo está ligado a la creación de imágenes sobre momentos históricos y al enaltecimiento de figuras heroicas en los estados-nación. Citando a Bertolt Brecht, recordamos que es "desgraciado el país que necesita héroes". Sobre este asunto viene a cuento la falsificación formal que en el contexto de la civilización occidental se origina en la época renacentista, cuando el monumento surge como objeto "hecho a la medida".[3] Al erigir nuevos monumentos monumentalistas, se

[3] Al parecer, el "desinterés estético" y el jardín paisajístico inglés fueron promotores de un monumentalismo incipiente y privado que transportaba indistintamente elementos inconexos, falsos e inútiles a los exteriores: "Desde luego ciertos distintivos del jardín paisajístico respondían a esta vivencia: las ruinas artificiales como satisfacción puramente estética de la arquitectura, el templo abierto, la cascada, el 'grotto' –las grutas o cuevas peñascosas agradables, naturales o artificiales, decoradas a menudo con conchas y rocallas– y aún más, los *follies* –desatinos, antojos–, es decir, los edificios sin utilidad alguna, erigidos como ornamento para el placer personal del propietario: torres, columnas, pirámides, obeliscos, castillos fingidos, capillas o ermitas ruinosas, pagodas, etc." Marchán Fiz, Simón, *La estética en la cultura moderna: de la ilustración a la crisis del Estructuralismo* (Madrid: Alianza Editorial, 1987), p. 36.

desdibujaba el tiempo en que el artefacto emergía y se eliminaba la relevancia de su aparición en un corto plazo. En esa línea un ejemplo doblemente anacrónico: el Monumento a Vittorio Emanuele II (1895-1927) en Roma. En el ámbito arquitectónico se debe indicar que son las estructuras del poder político quienes promovieron un paradójico avance programático al favorecer nuevos tipos y requerimientos funcionales. Durante la modernidad se dibujó con mayor interés la necesidad de producir edificaciones que transmitieran la imagen de ese orden político y económico visible: una tentación que a lo largo del siglo XX sólo evolucionaría más en lo formal que en lo sustancial.

GIGANTISMO

Con la visibilidad monumentalista se identifican la limitaciones propias. Un primer paso está en la tendencia de agrandar los elementos
conformadores del objeto. Con este impulso básico de sobredimen-
sionamiento, se tiene la creencia de que la "grandiosidad" genera
un impacto en la impresión visual y realista del objeto monumental. Cuando se trata de un edificio, el monumentalismo tiende a
la solemnidad colosal y omite al colectivo social como sujeto de
participación en la esfera pública. Pero cuando lo toma en cuenta
suele imponer dicha representación falsa. Basado en el lenguaje de
repertorios caducos y en su interacción dentro del espacio público, el gigantismo aparece reflejado en miles de arcos, esculturas,
columnatas, capiteles, basamentos y frontones que abundan en las
ciudades de todo el mundo. Asimismo, el gigantismo monumentalista tiene una componente ideológica[4] que busca glorificar ideales
y regímenes políticos. Por ello, el Estado –como concepto moderno, paradójicamente– lo promueve basado en la creencia de que
su grandeza es comparable con la antigua Roma. Las referencias
pasan por la arquitectura de papel del neoclasicismo hasta la construcción de capitales en el siglo XX: de casos menos estridentes
como el de Washington D.C. a los oligofrénicos deseos de Hitler con
su *Welthauptstadt Germania*. En su momento más provocador fueron
los totalitarismos del siglo pasado quienes lo promovieron como
estandarte estético.

---

[4] Leerssen, Joep, "Size, Seriousness and the Sublime", en *Monumentalism - History,
National Identity and Contemporary Art*, ed. Bowhuis, Jelle y Schavemaker, Margriet
(Amsterdam: NAi Publishers, 2010), p. 128.
Por ideología en esta investigación entendemos: "sistema integral de creencias fal-
sas, pero racionalistas o explicativas, que en forma de mensaje "natural" han sido
elaboradas para consolar y mantener tranquilas a las masas humanas de producto-
res". Ver Miranda, Antonio, *Ni Robot ni Bufón, Manual para la Crítica de Arquitectura*,
Colección Frónesis Universitat de Valencia (Madrid: Ediciones Cátedra, 1999), p. 397.

DEUTSCHLAND
ALLEMAGNE

ESTAMPA

Conceptualmente lo monolítico está representado en el papel que
ejerció cada Estado para el desarrollo de la expresión monumental
alrededor de los años treinta: se quita peso al avance progresista
que la arquitectura moderna venía ejerciendo en las décadas previas. Modernidad y totalitarismo es, en sí misma, una idea contradic-
toria, pero el acercamiento a las formas descontextualizadas, tiene
relevancia como punto de inflexión en la búsqueda de una expresión
monumental aparentemente vigente. Surgió así un monumentalismo
instantáneo que empleaba criterios y avances tecnológicos para
conformar un montaje ficticio, una realidad que buscaba legitimarse
con su guiño estético a los antiguos imperios. La situación política
europea contó con episodios concretos en esa indagación de lo
monumental, durante esta faceta instrumentalizada. Por ejemplo:
entrada la primavera del año 1937 se inauguró en los alrededores del
Campo Marte La Exposición Internacional de París. Una conocida
postal que sintetizaría el enfrentamiento ideológico más potente
de la primera mitad del siglo XX. En las inmediaciones de la Plaza
del Trocadero, dos pabellones –el de la Rusia Soviética y el de la
Alemania nazi– se encuentran cara a cara. De un lado, un elevado y
esbelto volumen es coronado por un águila de bronce que sostiene
en sus garras el símbolo del partido nacionalsocialista. Enfrentado
a este, un cuerpo de menor altura es rematado por las esculturas de
un hombre y una mujer que en las manos sostienen respectivamente la hoz y el martillo. Los pabellones, característicos de un pétreo
estilismo Art Decó, compartían cualidades formales extraídas de
una rancia tradición distorsionada: escalinatas, simetrías, esculturas y jerarquías. Herramientas de propaganda que –contrarias a la
abstracción moderna– eran capaces de emocionar a las cúpulas del
poder. Muy distantes quedaban las experimentaciones de Melnikov
o Le Corbusier del año 1925 en la misma ciudad. Lo acontecido en
París en 1937 es resultado del clima que impregnó el gusto rector de
los treinta.

RUSIA

El nacionalsocialismo encontró una de sus antítesis en la escuela de
la Bauhaus. Los ideólogos nazis veían la arquitectura moderna como
una conspiración de "orientales, judíos y bolcheviques".[5] Sin embargo, esa arquitectura bolchevique tuvo paradójicamente un desarrollo
limitado en los confines de la Rusia (pos)revolucionaria. Tras la muerte de Lenin el Realismo Socialista regentó el gusto oficial a comienzos
de la década de 1930. Con ello la vanguardia soviética desaparece
gradualmente y germina una desconfianza hacia las formas abstractas
que "debían evitarse por ser un filtro que interfería con su auto-indul-
gencia entre el artista, la realidad y el público".[6] Para el paternalismo
soviético la modernidad artística no satisfacía el gusto de las masas.
Aunque parece ociosa y simplista la comparación, hubo un momento
en que –en lo que a imagen estética se refiere– las banderas nacionalsocialista y comunista ejercían como las dos caras de la moneda.
Bruno Zevi advierte una diferencia significativa: en los sistemas políticos fascistas se manifiesta el "fanatismo nacionalista", mientras que
el caso ruso se caracteriza por su indiferencia al arte.[7] La monumentalidad soviética buscaba la grandeza de los edificios exagerando la
escala, partiendo de los criterios clásicos de composición y simetría,
además de la temática relacionada con el ideario del Estado. El proyecto más destacado en este sentido fue el Palacio de los Soviets (a
partir de 1931) del arquitecto Boris Iofan: un enorme rascacielos de
450 metros de alto, repleto de motivos pseudo-historicistas y coronado por una desproporcionada estatua de Lenin. La propuesta de Iofan
representa la construcción estética que el régimen estático proyectó:
literalidad, figuración, simetría, clasicismo obsoleto, etcétera.

[5] Zevi, Bruno, *Historia de la Arquitectura Moderna* (Barcelona: Poseidón S.L., 1980), p. 154.

[6] Curtis, William J.R., "Totalitarian Critiques of the Modern Movement", en *Modern Architecture since 1900*, Third Edition (London: Phaidon, 1996), p. 358-359.

[7] Zevi, Bruno, *Historia de la Arquitectura Moderna*, p. 151.

RAREZA

Los dictadores nacionalistas compartieron la visión del paisaje urbano como "almacén de memorias colectivas que podrían ser explotadas como propaganda".[8] Sin embargo, la modernidad italiana gestó una condición *sui generis* de convivencia con el desarrollo moderno pues no tomó la retórica funcionalista al pie de la letra. El movimiento racionalista encabezó la corriente de vanguardia que estableció un marco de acción sin igual a finales de la década de los veinte: mediando "entre la abstracción moderna y las cualidades de la tradición arquitectónica".[9] Un ejemplo paradigmático se concretaría con la sede del partido fascista o Casa del Fascio entre 1932 y 1936 en Como. Giuseppe Terragni proyectó una obra influida por el discurso corbusierano,[10] con un gran volumen cúbico que presta un interés notable a las proporciones y la modulación. La planta, una figura cuadrada perfecta de 33 metros por lado y 16 metros de altura, es asimétrica en alzado: no es un asunto exclusivamente compositivo, sino que hay una intención dialéctica de conectar lo que sucede en el interior con el exterior y viceversa, decisión que favorece la coherencia interna del proyecto. Al centro del espacio, un enorme patio cubierto permitiría albergar concentraciones masivas provenientes del exterior. La Casa del Fascio –representación arquitectónica de un sistema político– promueve un componente crítico menos caricaturesco y más complejo que el de las arquitecturas alemana y rusa. Por el uso consciente de materiales aparentes, por la eliminación de ornamentos superfluos y porque su lectura deriva de un planteamiento constructivo que no busca recrear una realidad superada; la sede del partido es un referente puntual que interpreta con originalidad

[8] Curtis, William J.R., "Modern Architecture, Monumentality and the Meaning of Institutions: Reflections on Authenticity", *Harvard Architecture Review* 4, n.o Spring (1984). Traducción del autor, p. 68.

[9] Curtis, William J.R. Traducción del autor, p. 68.

[10] Expone Curtis que Terragni era un admirador de la teoría de Le Corbusier, en la que encontraría un sustento para forjar un vínculo entre el clasicismo y modernidad: proporción, abstracción y referencia urbana. Ver en Curtis, William J.R., *Modern Architecture since 1900*, Third Edition (London: Phaidon, 1996), p. 363.

los principios funcionales, al tiempo que proyecta una inquietud latente por lo clásico desde el comienzo de la modernidad: es la idea defendida por Adolf Loos sobre una modernidad vinculada con la tradición y alejada del discurso de la máquina.

GERMANIA

Durante 1937 Adolf Hitler y Albert Speer gestaron el proyecto de renovación de Berlín como capital imperial. El plan "Welthauptstadt Germania" tomaba indiscriminadamente conocidos elementos de una imprecisa tradición con el propósito de transformar la ciudad en escenario digno de la grandiosidad y el poderío alemán: ejes, arcos, enormes avenidas y evocaciones estéticas de lo más dispares. Una arquitectura wagneriana que manifestaba su obsesión con el tamaño, el simbolismo y la heroicidad basada en una escala literalmente monumental. El objetivo de Hitler era acelerar la conformación de un legado perdurable en el tiempo apoyado en construcciones testimoniales. En este marco, la contradicción no disimula: el Führer aceptaba las posibilidades técnicas más avanzadas como un camino para concretar sus gigantescos sueños, pero Speer era partidario de que las edificaciones representativas sufrieran un desgaste natural que debía convertirlas en auténticos vestigios similares a los heredados por los griegos o los romanos. Monumentos que prohibían los refuerzos metálicos como guiño nostálgico a los grabados de Piranesi.[11] La ideología implanta desde lo construido los símbolos de las estructuras que la configuran. El totalitarismo se caracterizó por una jerarquía vertical que colocaba la figura del régimen por encima del pueblo subordinado. De esta manera, la arquitectura moderna resultaba intolerable para la cúpula gobernante pues implicaba una asociación con el materialismo y el socialismo que resultaban antagónicos por horizontales y democráticos.

[11] Frampton, Kenneth, "La Arquitectura y el Estado: ideología y representación, 1914-1943", en *Historia crítica de la arquitectura moderna*, Sexta edición ampliada (Barcelona: Gustavo Gili, 1993), p. 220.

COLECTIVO

Derivado de la instrumentación de la arquitectura, los regímenes coincidieron en el uso de espacios aparentemente comunales o colectivos para el *Volk* (pueblo). Esa arquitectura falsamente cívica y programáticamente útil para la concentración de las masas, así como para reafirmar la estructura de organización vertical, demandaba de lugares para promover el arte (Casa de Arte Alemán), edificios para el partido (Nueva Cancillería en Berlín), estadios y tribunas (Luitpold Arena y Zeppenfield en Núremberg), entre otros. La Casa de Arte Alemán (1937) de Ludwig Troost, fue el primer paso de Hitler como "colaborador" de arquitectos. Esta obra expone la incongruencia de esa arquitectura instrumental: en lo formal evoca con sus enormes columnas una pretensión historicista, mientras que desde lo constructivo se vale de superficies lisas, eliminación de ornamentos y la horizontalidad radical propia de los años veinte.[12]

PASTICHE

¿Qué tan desatinada sería la afirmación de que el totalitarismo alemán se convirtió –involuntariamente– en practicante de una arquitectura coincidente con los objetivos de la posmodernidad? El edificio de la Cancillería en Berlín, proyectado por Albert Speer –y construido en tan solo un año– presentaba situaciones que se reflejarían, sin ironías, en la fallida crítica posmoderna: incongruencia entre la imagen y la función, diversidad de estilismos en un solo objeto, recuperación de referencias históricas indistintas, instrumentación decorativa del espacio, etcétera. El recinto formaba parte de un complejo de edificios que incumplían la condición aislada de la arquitectura clásica. Además, la Cancillería contradecía los principios neoclasicistas dada

---

[12] Elsen, Albert E., Miller Lane, Barbara, y Von Moos, Stanislaus, *La Arquitectura como Símbolo de Poder*, ed. Sust, Xavier, vol. 8, Serie de Arquitectura y Diseño (Barcelona: Tusquets, 1975), p. 82.

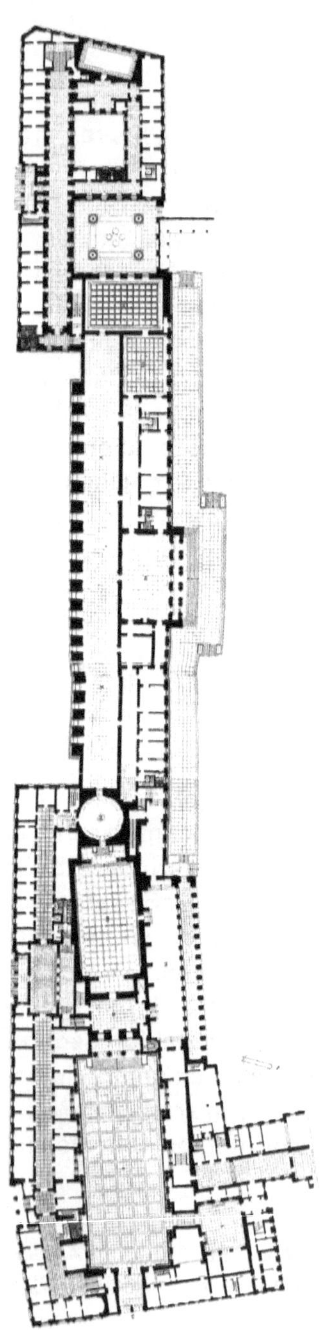

la disposición asimétrica de la planta. Una distribución longitudinal, configurada por una gran galería de más de 140 metros, cuya verdadera intención era trastocar la percepción de los visitantes, generando recorridos por medio de enormes estancias. Esa sucesión espacial era tan heterogénea que exhibía la voluntad escenográfica, poco funcional para un edificio administrativo, que remataba los espacios por medio de "insignias y emblemas"[13] (símbolos), para dar un impacto adicional al mensaje de la arquitectura.

TEATRO

La teatralidad en el contexto totalitario está plasmada en uno de los proyectos más relevantes a medio camino entre instalación artística y escenografía: La Catedral de Luz. Diseñada por Albert Speer para los eventos masivos del partido (1934-1937), la instalación consistía en alrededor de 130 reflectores aéreos separados por 12 metros entre sí. Las luces apuntaban al cielo nocturno y proyectaban unas inmensas columnas inmateriales que enfatizaban el ritmo y la gran escala en el ámbito público. Dice W. Curtis que Speer fue creador de una arquitectura del espectáculo que proveía "monumentalidad instantánea",[14] efectista y llena de retórica. Lo retro-monumental en la ideología nacionalsocialista se configuraba por repertorios de formas extraídas de la historia. Aunque la arquitectura monumental jugaba un papel importante en esos términos, hubo otros medios que complementaron y actualizaron esa expresión afirmativa. Es decir, surgieron recursos que llevaron la noción de lo monumental a trascender los medios de la propia disciplina arquitectónica. Así, recordamos a la cineasta Leni Riefenstahl quien documentó los eventos y los mítines políticos más importantes de esa etapa. Tras el mitin de 1934 en Núremberg, Riefenstahl presentó la célebre "Triumph des Willens". Una manifiesto de propaganda innovador en el que se enaltecía el poderío del régimen, la organización y grandeza alemana. Independientemente de su mensaje político, el filme ha sido

[13] Curtis, William J.R., "Totalitarian Critiques of the Modern Movement", p. 356.
[14] *Ibidem.* p. 355.

considerado revolucionario en cuanto a técnica de montaje, musicaliza-
ción, utilización de las cámaras y de la fotografía.

DESCONEXIÓN

En medio de la coyuntura política de los años treinta, la arquitectura
moderna era cuestionada por las esferas políticas debido a la desconexión entre las formas abstractas y las necesidades de representación ideológica.[15] Los estados totalitarios europeos coinciden en

[15] Dice el autor: "Esta (...) justifica en gran parte la supervivencia de un enfoque
historicista del edificio en la segunda mitad del siglo XX. Se debe a Henry-Russell

una heterogénea idea estética de representación o un neo-clasicismo revival kitsch. La notable presencia que los Estados tuvieron en los asuntos vinculados con el desarrollo urbano y arquitectónico durante esa década, así como su interés por retomar los criterios artísticos previos al auge de las vanguardias, enmarca el clima paralelo al de las corrientes del Movimiento Moderno. Es decir, la arquitectura atiende

Hitchcock, como historiador, hace ya largo tiempo, la percepción de la necesidad de reconocer la persistencia de esta tradición residual. Sin embargo, su término "La nueva tradición", acuñado en 1929 en un esfuerzo para distinguir cierta tendencia conservadora en las obras de los pioneros, apenas ha resistido la prueba del tiempo. Los atributos y la cronología que él adjudicó a esta tradición eran demasiado vagos para conseguir una aceptación general." Frampton, Kenneth, "La Arquitectura y el Estado: ideología y representación, 1914-1943", p. 212.

necesidades y funciones a partir de una lógica programática –con estaciones de trenes, bibliotecas, edificios de oficias, hospitales, etc.– pero responde a la imagen de los edificios con inspiración de las normas estéticas extraídas de la historia de la arquitectura. Sin embargo, no fue exclusivo de los regímenes autoritarios optar por este esquizofrénico procedimiento pues, al otro lado del Atlántico, Nueva York fue un paradigma en el mismo sentido: de ello ha dado cuenta Rem Koolhaas en *Delirious New York*. El proceso de cambios sucedido en los años treinta es significativo porque acentúa la materialización de un problema limitado a la especulación durante los primeros momentos del siglo XX. La explotación política de lo monumental no se materializa en el contexto moderno sino hasta la llegada al poder de los totalitarismos. Y esta materialización surge por la exigencia de construir una imagen de representación política.

DEBATE

Jacobus Johanes Peter Oud –cercano al grupo De Stijl– propició, sin demasiada conciencia, una controversia que implicó a críticos y arquitectos durante los años posteriores a la guerra. Su diseño para el edificio de la compañía petrolera Shell en la Haya, concluido en 1942, pasaría desapercibido para los medios especializados dada la contingencia europea. La sede de la Shell fue un síntoma visible de la prematura crisis moderna acentuada a raíz de la situación política. Para muchos se trató de la vuelta a una expresión monumental en términos clásicos caracterizada por la simetría, la proporción y la recuperación del ornamento; así como una renuncia a los principios modernos que el mismo Oud había seguido durante la etapa anterior.[16] No obstante, en consonancia con el discurso de la Nueva Monumentalidad que dominaría la situación posteriormente, el reclamo no significaba tomar gestos superficiales del clasicismo o retomar los viejos caminos conocidos.

[16] Ockman, Joan, *Architecture Culture 1943-1968* (New York: Columbia Books of Architecture & Rizzoli, 1993), p. 103.

PUNTO DE INFLEXIÓN

EXILIO

A comienzos de la década de los cuarenta, la noción de lo monumental en arquitectura ya no se codifica con referencias a silos de grano y fábricas de la primera modernidad. Se dio paso a una expresión menos materialista, más inmediata y efectiva de lo memorable.[1] Así la arquitectura pierde importancia como vehículo de incidencia socio-cultural ante el desarrollo de los medios masivos de comunicación. En ese sentido, la transformación del monumento como dispositivo estático da lugar a una versión que busca ser más dinámica e inmaterial. En consecuencia con la evolución del paradigma se desarticula la figura del obrero como "cliente simbólico de la arquitectura moderna",[2] al margen de la Revolución Rusa y el legado de las vanguardias. Y dado el protagonismo de los Estados Unidos como nuevo escenario de la modernidad, la clase media adquiere una posición central que es –más bien– contraria al espíritu revolucionario y confiada en la individualidad del "esfuerzo personal", en el dictado del progreso capitalista. Dice Kenneth Frampton: "el año de 1945 representa la línea divisoria entre el *ethos* socialmente comprometido del New Deal y un impulso incipiente hacia la monumentalidad. Al parecer, este último surgió en parte de las demandas de un status americano como potencia mundial y en parte de la ansiedad cultural que reinó al finalizar la Segunda Guerra Mundial."[3] El contexto económico y político que se dibujaba con el fin de la guerra influyó notablemente en la conformación de las nuevas inquietudes: caracterizadas por su relajación con el contenido ideológico y favorables a la expresividad de un arte libre.[4]

[1] Frampton, Kenneth, "La Arquitectura y el Estado: ideología y representación, 1914-1943", en *Historia crítica de la arquitectura moderna*, sexta edición ampliada (Barcelona: Gustavo Gili, 1993), p. 224.

[2] Ockman, Joan, *Architecture Culture 1943-1968* (New York: Columbia Books of Architecture & Rizzoli, 1993), p. 16.

[3] Frampton, Kenneth, "El eclipse del New Deal: Buckminster Fuller, Philip Johnson y Louis Kahn, 1934-1964", en *Historia crítica de la arquitectura moderna*, sexta edición ampliada (Barcelona: Gustavo Gili, 1993), p. 243.

[4] "Tampoco es casual que la intensificación del debate sobre la monumentalidad durante la segunda mitad de los años cuarenta coincidiera con el nacimiento de la pintura expresionista abstracta en Nueva York, una estética que también abogaba por una expresión directa y a gran escala." Ockman, Joan, "Los años de la Guerra: Nueva York, Nueva Monumentalidad", en *Sert: Arquitecto en Nueva York* (Barcelona: Museu d'Art Contemporani de Barcelona, 1997), p. 39.

INDICIO

La Nueva Monumentalidad se desarrolló en un ambiente favorable para el intercambio de ideas entre los exiliados europeos en Nueva York. Alrededor de esas sinergias, un encuentro promovió el manifiesto de los "Nueve Puntos sobre Monumentalidad" del pintor Fernand Lèger, el arquitecto Josep Lluis Sert y el historiador Sigfried Giedion. Contaba Giedion en el libro *Architecture You and Me*[5] que a raíz de una convocatoria para una publicación del American Abstract Artists, había la intención de abordar el tema desde distintos puntos de vista. Aunque la revista no llegó a publicarse, el asunto quedaría en el ambiente hasta el año siguiente (1944), cuando Giedion dio a conocer el texto "The Need for a New Monumentality". Los "Nueve Puntos sobre Monumentalidad" retoman una estructura similar a la de los manifiestos vanguardistas de las primeras décadas del siglo. El contenido puede clasificarse en tres partes: introducción, crítica y planeación. En la primera parte se precisa que el monumento es una elevada expresión cultural cuya vitalidad recae en el "sentir" y el "pensar" de lo colectivo. Hacia el punto tres los autores se distancian de la situación política del momento: los monumentos son posibles únicamente en momentos en que una cultura y una consciencia "unificadora" existen. El contexto bélico inmediato conduce a una condición contraria y cuestionable con relación a la permanencia del monumento. La mira está puesta en la reconstrucción y reorganización de la ciudad en la posguerra. Para ello, los autores imaginan una colaboración entre las disciplinas: arquitectura, pintura, escultura, paisajismo, etc. Que al integrarse en los modos de vida por medio de los "nuevos centros urbanos", los monumentos y edificios públicos pueden configurar una verdadera forma de expresión contemporánea.

GIEDION

Sigfried Giedion fue uno de los cronistas más relevantes de la modernidad canónica, pero su estancia en los Estados Unidos abrió un intervalo de reflexión sobre del concepto de la "máquina de habitar". La influencia del poderío económico y cultural de aquella nación durante la época tuvo una influencia notable en la obra escrita del

---

[5] Giedion, Sigfried, "Marginalia", en *Architecture, You and Me: The Diary of a Development* (Cambridge: Harvard University Press, 1958), p. 22.

SPACE, TIME AND ARCHITECTURE

S. GIEDION

the Growth of a new Tradition

FOURTEENTH PRINTING

historiador.[6] El libro *Espacio, Tiempo y Arquitectura* se gestó entre
1938 y 1939, cuando impartió el seminario *Charles Eliot Norton* en la
Universidad de Harvard. En este sentido, es importante establecer
una relación con las ideas que conformarían el discurso de la Nueva
Monumentalidad, desde el manifiesto de los "Nueve Puntos" hasta el
artículo "Sobre Monumentalidad" (1944). Así, es relevante que trans-
currieran solo un par de años desde la publicación de ese gran tratado
sobre la arquitectura moderna (1941) hasta la constitución del discurso de la Nueva Monumentalidad. Posiblemente las intenciones del historiador buscaran definir un contrapeso que complementara la noción
de modernidad con el primer cuerpo teórico basado en la representación de la máquina. Lo cierto es que la fractura entre el discurso original, moderno, tecnológico y espacial; y la transformación modernista
realizada con la llamada "síntesis de las artes" es evidente.

PSEUDO

Con el libro *Architecture You and Me*, Giedion publica algunas preocupaciones[7] surgidas durante el exilio americano y el llamado por la

[6] Por otra parte, el edificio de J.J.P. Oud para la Shell en la Haya (1942) ya se alzaba
como un intento sintomático para promocionar un "cambio" que reivindicara el papel
de la arquitectura como algo más que simples "funciones, programas y estructuras".
Pero en el adverso ambiente europeo de aquellos años, esas intenciones apuntaban
directamente a la furia *anti-moderna* de los regímenes totalitarios. "La arquitectura
como arte" parece que fue una proclama confusa que descolocó a más de uno de los
auténticos protagonistas del discurso moderno. Así, si bien los "síntomas" oscilan
entre la versión más rancia de la arquitectura con composiciones jerárquicas, simétri-
cas, axiales y ornamentales –como fue el caso de Oud–; o las curvaturas del cristal del
Wax Building de F.L. Wright y la "decoración" de las columnas de la sala central; podemos señalar una suerte de "consenso" que inevitablemente buscaba re-direccionar a
la *modernidad* y la *monumentalidad* en la arquitectura durante aquellos difíciles años.

[7] Dado que el libro abarca un extenso periodo, el propio autor enfatiza la relación,
diferencia y evolución entre la década de 1940 a 1950, de ahí el nombre de "diario". Por
ejemplo: en el mismo artículo "The Need for..." cuestiona si los arquitectos modernos no son capaces de resolver los encargos "monumentales", después afirma en
una nota a pie de página que la parte 6 del mismo libro "Spatial Imagination" es un

Nueva Monumentalidad. El libro abarca un periodo de casi 20 años de reflexión teórica entre 1937 y 1956, en él aparecen por primera vez tanto los "Nine points on Monumentality" como el texto "The Need for a New Monumentality", publicado en el libro de Paul Zucker "New Architecture and City Planning. A symposium" (1943). En esencia, el historiador describe el acercamiento que por aquellos años establecieron las diversas disciplinas, quizás como proyección central del asunto que le interesa: desarrollar una teoría que condensara en el mismo plano el trabajo de arquitectos, escultores y pintores o la llamada "síntesis de las artes". En "The Need for a New Monumentality" el historiador define a la pseudo-monumentalidad como la caducidad del repertorio de "estilos y formas" propias del gusto dominante, una expresión vacua sin vínculo legítimo con la tradición.[8] El crítico Lewis Mumford describe en tono parecido a S. Giedion el error de mirar las referencias históricas dentro del contexto moderno. El monumento es objeto de representación de un orden social específico y consecuentemente su reproducción indiscriminada se desvincula del sentido del tiempo presente, esto es: de su condición de verdadera modernidad atemporal. El origen de la crisis en dicho modelo apunta a la mitad del siglo XIX. La pseudo-monumentalidad no operaba exclusivamente en función de un orden económico y político específico, pues en cierta medida esta lección se aprendió con los totalitarismos de los años treinta. El mayor ejemplo de reproducción edulcorada sobre la base de una inexistente tradición, se encuentra en el modelo de democracia y arquitectura adoptado por los Estados Unidos de Norteamérica. La pseudo-monumentalidad, según Giedion, tiene origen –en su carácter de proyecto– con la "arquitectura de papel" característica del neoclasicismo.[9]

ejemplo de esa arquitectura que "todavía estaba por venir", con ejemplos como la Ópera de Sídney o Ronchamp. Ver Giedion, Sigfried, "The Need for a New Monumentality", en *New Architecture and City Planning. A symposium*, ed. Zucker, Paul (New York: Philosophical Library, 1944), p. 549-568. En Giedion, Sigfried, *Architecture, You and Me: The Diary of a Development* (Cambridge: Harvard University Press, 1958), p. 32.

[8] Giedion, Sigfried, "The Need for a New Monumentality". En Giedion, Sigfried, *Architecture, You and Me: The Diary of a Development*, p. 25.

[9] *Ibidem*, p. 29.

NEO

Las inquietudes de Giedion buscaban superar la reducción del planteamiento necesario para la arquitectura de representación. Hay una inclinación para recuperar el valor simbólico que va desde las creencias espirituales a las conveniencias sociales, lo describe así en "The Need for a New Monumentality".[10] Giedion evidencia la necesidad de una nueva expresión a partir del juicio histórico de la arquitectura

[10] *Ibidem*, p. 28.

moderna como proceso sucesivo de etapas o pasos. En esta evolución, el punto crítico de la hipótesis de Giedion recae en dos observaciones fundamentales: la primera –y más punzante– inscribe un forzado diálogo entre las artes como razón para satisfacer necesidades que hasta el momento no se habían resuelto, o aquello que se considera como factor emocional de los grupos sociales. Es importante señalar que este texto surge en el marco de la futura reconstrucción europea de posguerra; Giedion entonces se preguntaba cómo era posible llegar al "aparato emocional" del hombre promedio. Al mismo tiempo ya desvela parte de una segunda observación: la importancia del espacio colectivo. Los términos recurrentes son "sentimientos", "fuerzas inherentes", "inconsciente", entre otros.[11] Sin embargo, probablemente influenciado por la modernidad norteamericana y el *show business*, el trasfondo del discurso no se aparta de una ingenua idea de festividad que se aproxima a lo colectivo por la importancia de la masa expectante. Una interpretación que difiere de la misma noción ya diseñada años antes por la vanguardia soviética. Es interesante distinguir las posibilidades para el mismo concepto: por un lado, la interacción de las masas que representa el paradigma revolucionario ruso, discrepa con las pretensiones de cautivarlas por medio de "luces y colores del espectáculo"[12] tardo-moderno. Por otro lado, el establecer una operística síntesis de las artes con el lenguaje de las denominadas artes mayores.

MURALISMO

El edificio de la Biblioteca Central de la Ciudad Universitaria en México, proyecto de Juan O'Gorman (1950-1956), es un paralelepípedo

[11] *Ibidem*, p. 38.

[12] Dice Giedion: "No es el imitador, sino el creador imaginativo el apropiado para construir nuestros centros ausentes de vida social, quien puede despertar una vez más en el público el viejo amor por los festivales, e incorporar movimiento, color, nuevos materiales, y nuestras abundantes posibilidades técnicas." *Ibidem*. Traducción del autor, p. 34.

revestido por mosaicos de colores en sus cuatro caras que se enmarca en las descripciones de Giedion sobre la nueva arquitectura. Aunque con una variante fundamental: en el caso de la arquitectura de la Ciudad Universitaria en México hay una fuerte relación con la idiosincrasia local, la identidad, la historia y la tradición; una contraposición a la voluntad anticipativa que caracterizaba a la Nueva Monumentalidad.[13] Sin embargo, Mumford –en contrasentido con la teoría de Giedion– critica la superficialidad del ejercicio artístico y su relación con la arquitectura. Y expone que la arquitectura y la pintura responden a condicionantes distintas: la pintura es libre como composición, la arquitectura se debe a una razón que en primera instancia es programática, el origen de un proyecto no corresponde con las autonomías propias de la obra de arte. Por otra parte, la llamada inspiración – como en el caso del "científico" o el "filósofo"– se "interpreta (como) las fuerzas emergentes de una época". Aunque en esta extraña relación entre las expresiones artísticas las diferencias son evidentes, la escultura también se aborda como un asunto distinto o con un vínculo únicamente espiritual.[14]

ENCUENTRO

Si la preocupación descrita por Giedion sobre lo colectivo cuenta con una asociación populista, hay consistencia en las dos líneas temporales de estudio con relación al tema. Es decir, el gran paradigma

[13] "La Pintura, la más perceptible de las artes visuales, a menudo ha pronosticado los eventos por venir. Fue la pintura la primera que se dio cuenta de la concepción espacial de nuestro tiempo y descubrió métodos para representarla. (...) Por ahora cuando vivimos entre sangre y horror, la pintura anuncia otro tiempo. Este es el renacimiento del sentido extraviado de la monumentalidad. (...) Por primera vez en siglos los artistas han regresado a la sencillez que es el sello de cualquier expresión simbólica. Han mostrado que los elementos indispensables para la monumentalidad están disponibles. Han adquirido el extraño poder de un lenguaje mural." *Ibidem*. Traducción del autor, p. 34-35.

[14] Mumford, Lewis, "Monumentalism, Symbolism and Style", *The Architectural Review* 105, n.o April (1949). Traducción del autor, p. 174.

moderno (primera-modernidad y tardo-modernidad), en lo referente a la expresión monumental, buscaba la conformación de espacios para el encuentro cívico como sustento programático. Los constructivistas veían a la pieza única, o el edificio aislado, como objeto de representación del programa ideológico, por ejemplo, con los Palacios de los Trabajadores o las sedes burocráticas administrativas. Pero durante la tardo-modernidad la noción de lo colectivo se entiende como una manera de hacer ciudad, con figuras urbanas centrales generadoras de "espacios para el encuentro"[15, 16] sin una connotación ideológica definitiva. Esa idea del "Centro Cívico" contempla dos modos de referirse a la tradición: con sentido estructural, debido al modo en que se reflejan las instituciones y sus valores necesarios –por ejemplo: ágora, foro y plaza medieval–; la otra coloca la referencia directa de la forma en sí misma. Esto es, una tradición constituida por el legado de estilos o de la pseudo-monumentalidad propiamente dicha. Así, el "Centro Cívico" en el discurso de Giedion es relativamente válido sólo desde el primer enfoque, pues lo que busca es exaltar el reflejo de la grandeza del momento –como se ha podido alcanzar en otras épocas– por medio del símbolo/espacio "ágora, foro y plaza medieval". Y en ese sentido, ¿por qué es tan importante la inclusión de cualidades simbólicas en una arquitectura que aparentemente por sí misma no buscaba ser símbolo (modernidad)? Giedion habla de la construcción de imágenes que se condensan a partir de las instituciones[17] y de la "susceptibilidad de todos para comprenderlas". En esta lógica, la arquitectura organizada espacialmente de un modo específico favorece –por el hecho de ser arquitectura en inte-

[15] D'Hooghe, Alexander, *The Liberal Monument, Urban Design and the Late Modern Project*, 1st ed. (New York: Princeton Architectural Press and Berlage Institute, 2010), p. 15.

[16] Giedion sobre el concepto de diseño de conjunto: "El principio del diseño de grupo se aplica extensivamente a la planificación de las democráticas ciudades Estado de Grecia, en las que estaban claramente delimitados los derechos del individuo y los derechos de la comunidad. El diseño de grupo significa establecer una armonía espacial entre varios edificios independientes, cada uno de los cuales tiene su propia individualidad formal." Giedion, Sigfried, *La Arquitectura, fenómeno de transición: (las tres edades del espacio en arquitectura)* (Barcelona: Gustavo Gili, 1975), p. 12.

[17] Giedion, Sigfried, "The Need for a New Monumentality". En Giedion, Sigfried, *Architecture, You and Me: The Diary of a Development*, p. 30.

racción con la pintura y la escultura–[18] a dicho objetivo. Esta no deja de ser una postura incauta, que después comprobaría la inexactitud de la conjunción de las artes para promover la articulación de la vida de una comunidad. Asimismo, es cuestionable la presunción de valores comunes instituidos por medio de "espectáculos y festividades": dudosas creencias que hoy en día son exaltadas una y otra vez en todo tipo de ferias y celebraciones culturales sin ningún tipo de aportación civilizadora.[19]

MUMFORD

Lewis Mumford mantuvo una posición crítica con el asunto de la Nueva Monumentalidad. Como personaje representativo de las particularidades en el contexto norteamericano, fue una autoridad en lo que se refiere a la visión de la historia, la cultura, la tecnología y –en general– su postura rechazaba "los excesos de la urbanización y la cultura".[20] Una de sus más conocidas sentencias –acuñada previamente al debate de los años cuarenta– anticipaba la polaridad de los conceptos encontrados: modernidad y monumento. Escribía Lewis Mumford: "La noción de un monumento moderno implica, en verdad, una contradicción de sus términos: si es un monumento no es

[18] Según exponen E. Taverne y D. Broekhuizen, no resulta muy específica la idea del "Centro Cívico" imaginado por Giedion pues, en *Espacio, Tiempo y Arquitectura* (1941), se habla del *Rockefeller Center* como ensamble urbano que podría asignar otro tipo de interpretación del Centro Cívico. Puntualizan los autores que –probablemente– el referente esté mejor orientado al significado simbólico que después se verá con los espacios "abiertos", en los que se favorece la apropiación por parte del público. De todas maneras, los autores recuerdan que la influencia *moderna* de la arquitectura monumental pasa definitivamente por el proyecto de la Liga de las Naciones (1927) de Le Corbusier en Génova. Taverne, Ed y Broekhuizen, Dolf, J.J.P. *Oud's Shell Building: design and reception* (Rotterdam: NAi Publushers, 1995), p. 132.

[19] Ahí están para la lista los nombres del torneo del *Toro de la Vega*, la *Tomatina*, las *Fallas* en Valencia, los diversos *carnavales*, procesiones religiosas, de un largo etc.

[20] Homobono Martínez, José Ignacio, "La ciudad y su cultura, en la obra de Lewis Mumford" (Bilbao, s. f.), p. 176.

moderno, y si es moderno no puede ser un monumento."[21] Mumford
cuestionaba —en el mismo sentido que Giedion con la pseudo-
monumentalidad— la caducidad de las formas arquitectónicas con
una referencia literal al pasado: órdenes, estilos, corrientes, etc. Sin
embargo, es importante señalar el contexto en el que se gesta dicha
reflexión: los años treinta fueron un periodo, tanto de evolución
ideológica como artística, que se vio influenciado inevitablemente
por la crisis política y social surgida a raíz del ascenso totalitario.
Desde esa perspectiva, la idea de Lewis Mumford responde a cualquier estancamiento formalista, justificando en su lugar el significado del regionalismo. Así se plantea una reacción al clasicismo y
al movimiento Beaux-Arts, que advierte una vía diferente tanto de los
postulados surgidos en Europa como de la "arquitectura de fachada"
dominante en los Estados Unidos. En ese rechazo, la modernidad
—dice Mumford— es anti-canónica, por ello destacan dos vertientes
posibles: la primera corresponde con el momento presente en la lógica de un proceso de transformación. Ésta idea de modernidad opera
en el descubrimiento de nuevos materiales, formas y expresiones que
no se puede limitar por criterios estilísticos. La otra opción se asocia
con el esteticismo definido por la exposición de 1932 en el MoMA y el
formalismo del nuevo canon, caracterizado por "volúmenes simples,
blancos y carentes de ornamento".[22] No obstante, su modernidad no
destaca por ser progresista sino, más bien, deudora de un pensamiento "generalista y transversal".[23] Con lo que se acentúa el subjetivismo orgánico e individualista que abogará por la vida anti-urbana,
renuente a los avances de la civilización y más apropiado de un liris-
mo que no deja de ser más que chovinista, anti-moderno y regional.

[21] Mumford, Lewis, "The death of the monument [trad. La muerte del monumento]",
en *Circle*, ed. Martin, J.L (London, 1937), 263-70. Ver en Mumford, Lewis, *La Cultura
de las Ciudades*, vol. II, III vols. (Barcelona: Emecé, 1945), p. 360-361.

[22] Mumford, Lewis, "Monumentalism, Symbolism and Style". Traducción del autor,
p. 174.

[23] Homobono Martínez, José Ignacio, "La ciudad y su cultura, en la obra de Lewis
Mumford", p. 176.

REGIONALISMO

Si la crítica a los modelos establecidos canónicamente era la base del rechazo pseudo-monumental, la tesis de Mumford sobre del Estilo Internacional es aplicable en el mismo sentido. La reacción de Mumford produjo un análisis que oponía conceptos antagónicos: lo local vs lo universal, lo mecánico vs lo voluntario, lo racional vs lo irracional, etc. En el artículo "Monumentalism, Symbolism and Style" de 1949, Mumford continúa con el tema de lo regional como posible rumbo de la arquitectura moderna. A pesar de las diferencias conceptuales derivadas de sus investigaciones, tanto Giedion como Mumford inscriben la atomización de una postura generalista o totalizadora de la modernidad. El crítico norteamericano describe la internacionalidad maquinista como un problema de estandarización que, debido a su uniformidad superflua, debe encontrar un contrapeso en el sentido de lo local.[24] No obstante, a pesar de la intención abstracta del concepto de unidad como valor positivo, la esencia del razonamiento deriva en un regionalismo que, en su pretendida universalidad, manifiesta el folclor provinciano conocido por *kitsch*. Así, la unidad –próxima a la universalidad– no puede entenderse como la alegoría fragmentaria de artesanías y costumbres. Parafraseando la idea original de Mumford se entiende que: "si es regional no puede ser moderno y si es moderno no puede ser regional".

DESPOLITIZACIÓN

Durante la posguerra la figura del arquitecto avanza hacia un individualismo apolítico.[25] Y se adopta una posición menos interesada en la orientación social de las vanguardias y dispuesta a solucionar

[24] Mumford, Lewis, "Monumentalism, Symbolism and Style", 177.
[25] Montaner, Josep M.; Muxí, Zaida, *Arquitectura y política, ensayos para mundos alternativos*, primera edición (Barcelona: Gustavo Gili, 2011), p. 47.

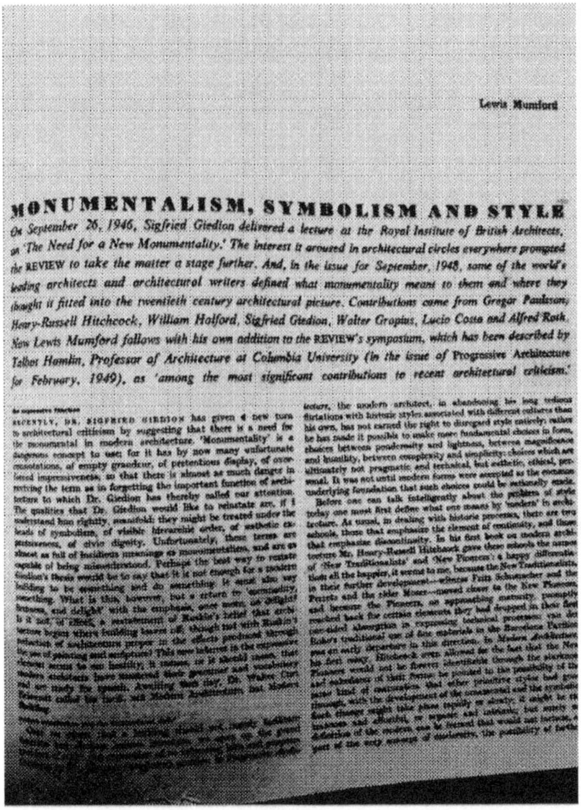

Lewis Mumford

MONUMENTALISM, SYMBOLISM AND STYLE

On September 26, 1946, Sigfried Giedion delivered a lecture at the Royal Institute of British Architects, on 'The Need for a New Monumentality.' The interest it aroused in architectural circles everywhere prompted the REVIEW *to take the matter a stage further. And, in the issue for September, 1948, some of the world's leading architects and architectural writers defined what monumentality meant to them and where they thought it fitted into the twentieth century architectural picture. Contributions came from Gregor Paulsson, Henry-Russell Hitchcock, William Holford, Sigfried Giedion, Walter Gropius, Lucio Costa and Alfred Roth. Now Lewis Mumford follows with his own addition to the* REVIEW*'s symposium, which has been described by Talbot Hamlin, Professor of Architecture at Columbia University (in the issue of* Progressive Architecture *for February, 1949), as 'among the most significant contributions to recent architectural criticism.'*

las necesidades del cliente individual: la reivindicación del "derecho a la expresión por encima de la pura función".[26] Así, se acentuaron

[26] Entre otras características se describen:
"-Proyectos abiertos: incorporación de las condiciones cambiantes como elemento positivo del proyecto.
-Incorporación del tráfico como un elemento positivo del urbanismo.
-Más cuidado al afrontar la situación existente, de modo que pueda darse una interacción entre la arquitectura y el entorno, y que una cosa intensifique la otra.

las diferencias ideológicas en la evolución hegemónica del mal llamado funcionalismo maquinista. Se advierte el cambio que se anticipa con la consolidación de un escenario desconocido, distinto a lo experimentado en la Europa de las primeras décadas del siglo XX. Con el ascenso de los Estados Unidos de Norteamérica como potencia mundial tras el fin de la guerra se estableció una dinámica económica y política concretas: el capitalismo desarrollista. Una fuerza que afectó a todas las estructuras establecidas, por ejemplo: la formación académica y el desarrollo profesional que habrían de instituir nuevos rumbos en el progreso de la arquitectura moderna.[27] En este marco el significado de lo liberal, en la representación tanto del monumento como del proyecto monumental moderno, constituye una distancia que no encaja en ninguna de las sombras autoritarias del Estado, una noción que deriva del planteamiento económico dominante: el papel del Estado como regulador queda confinado al mínimo. Para la producción arquitectónica esto consistió en un escaso interés por los programas de concentración social, como claramente se distinguió con la vanguardia soviética. A comienzos de los años cincuenta la impronta revolucionaria de la arquitectura era más bien lejana, así como sus potencialidades programáticas dirigidas a enaltecer la noción colectiva.

-Énfasis en el uso arquitectónico de los planos horizontales a diferentes niveles. Un uso más intenso de las plataformas artificiales como elementos urbanísticos. / Una relación más fuerte con el pasado, no expresada en las formas, sino en el sentido de una relación interna y un deseo de continuidad.
-Un mayor fortalecimiento de las tendencias escultóricas en la arquitectura. Unas relaciones más libres entre los espacios interior y exterior y entre los volúmenes en el espacio. (etc.)" En Giedion, Sigfried, *Espacio, Tiempo y Arquitectura: Origen y Desarrollo de una Nueva Tradición*, Definitiva (Barcelona: Reverté, 2009), p. 642.

[27] Colquhoun, Alan, "Rationalism: a philosopical concept in architecture. [trad. Racionalismo: Un concepto filosófico en arquitectura]", en *DasAbentaner der Ideen: Architectur und Philosophie seit der Industriellen Revolution*, ed. Baldus, Claus (Berlín: Internationale Bauausstellung, 1987). En Colquhoun, Alan, *Modernidad y Tradición Clásica* (Madrid: Júcar Universidad, 1991), p. 107.

FOLLIE

En ese contexto, el interés del proyecto reside en lo específico del sitio y en la mitología[28] alrededor del espacio: la superficie es un mecanismo integral, el objeto inmerso en contextos naturales se antepone al discurso urbano, lo metafísico justifica un incipiente simbolismo que refuerza su condición aislada, entre otras. Hay una aproximación al pasado referencial, con lo que ya es visible la fractura con la primera-modernidad. Se revalora lo local para interpretar la tradición constructiva con recursos de la región. Con el planteamiento de lo regional –alternativa a los recursos técnicos, industriales, modulares, etc.– se afirma que la arquitectura vernácula responde a la imposición de los estándares industrializados. Esta creencia pretendía llenar el vacío de los significados ausentes de la modernidad.[29] En ese orden, los críticos concuerdan que la capilla de Notre-Dame-du-Haut inició un periodo distinto para la modernidad, como símbolo que opera en un medio anti-urbano y confía excesivamente en su imagen. Así, estos espacios favorecen una negación tipológica, al tiempo que promueven un "aura"[30] de genialidad que las instalaciones industriales no concedían. Es llamativa la posibilidad de restablecer un dejo romántico por medio de una codificación constructiva y formal nueva. Con la capilla de Notre-Dame-du-Haut se da el acercamiento a una monumentalidad más adelantada –por concreta y deliberada– que la de las representaciones de fábricas y silos de grano previos. Si durante la primera-modernidad las instalaciones industriales representaban ideológicamente un avance contra las desgastadas formas de representación academicista, en esta etapa las formas rupturistas cumplen la función de realización mitológica de un interés por los valores colectivos. Su paradoja: aunque apelan al simbolismo pendiente se construyen con recursos abiertamente modernos.

[28] Ockman, Joan, *Architecture Culture 1943-1968*, p. 110.

[29] Norberg-Schulz, Christian, *Los principios de la arquitectura moderna* (Barcelona: Reverté, 2005), p. 227.

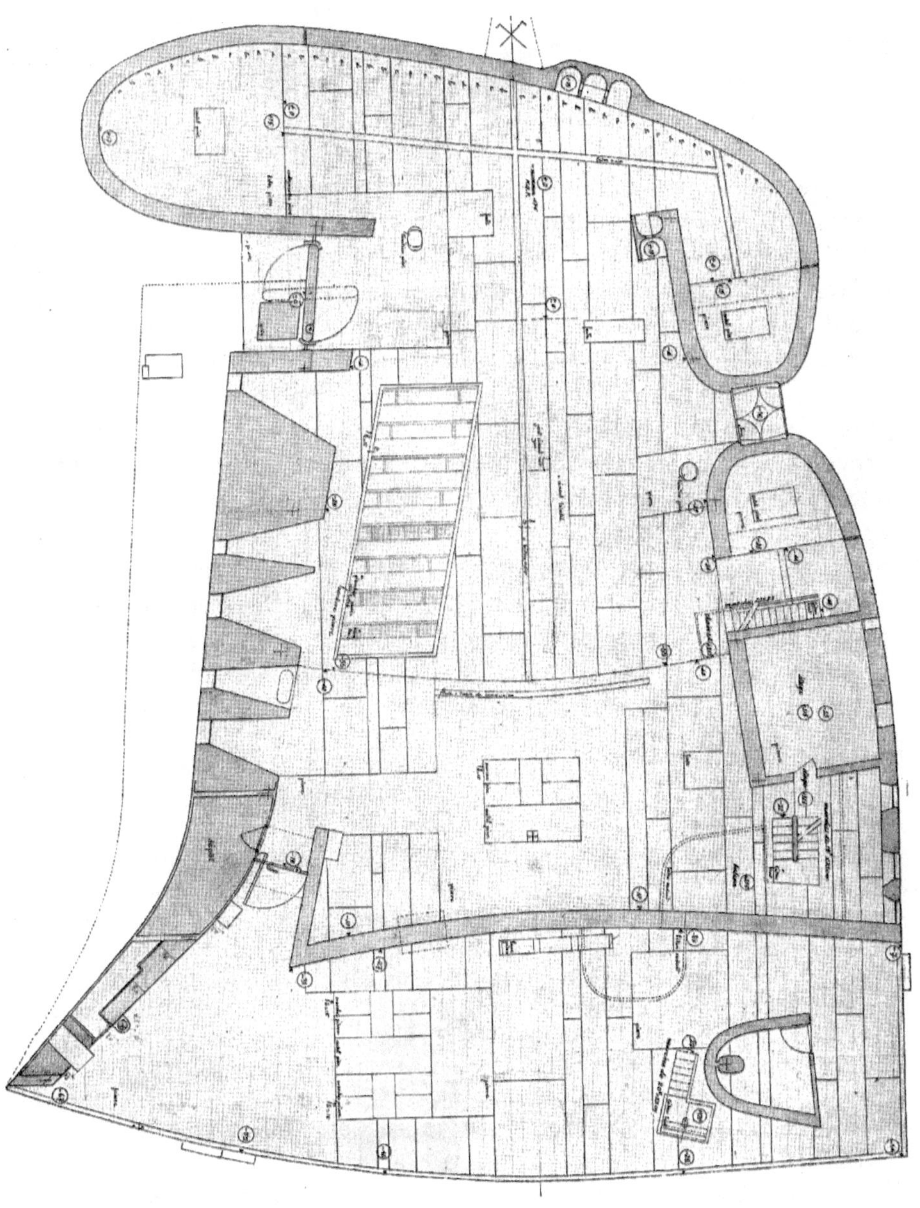

CONTEXTUALISMO

El discurso contextualiza la arquitectura de Ronchamp con falsas presunciones poéticas que buscaban producir formas ambiguas bajo la idea de pureza[31] del espacio. Como se ha descrito, se trata de un simbolismo que niega dialécticamente lo previo, es decir, la renuncia a la imaginería de la maquina. Lo orgánico[32] en la obra de Le Corbusier se introduce como alternativa al racionalismo dominante de la época anterior, al acercar con mayor definición a la arquitectura con el arte, describir la mística alrededor de la forma y trasladar los recursos de la escultura al espacio (monumental) moderno. Las superficies curvas se asociarán a lo largo de la modernidad con una clase de simbolismo principalmente político, es el caso de la Sede de los Tres Poderes en Brasilia. El contextualismo[33] presente en la relación proyecto/emplazamiento –debido a su condición aislada– fortalece la noción romántica que acompaña a la obra por medio de "evocaciones y recuerdos". Con la lejanía del tejido urbano se confirma el interés por producir escenarios sublimes, además se recuperan las aspiraciones de la arquitectura clásica[34] como se idealiza al templo griego en las colinas de la acrópolis. Así, la monumentalidad tardo-moderna se enmarca en una situación distinta, adherida de sentimentalismo

[30] Tafuri, Manfredo, *Teorías e Historia de la Arquitectura* (Madrid: Celeste, 1997), p. 175-176.

[31] Von Moos, Stanislaus, *Le Corbusier: elements of a synthesis, revised and expanded* (Rotterdam: 010 Publishers, 2009), p. 245-246.

[32] "Para Le Corbusier, la forma orgánica tenía una connotación mística que no podía restringirse a una analogía lógica. En sus viajes, siempre buscaba experiencias de tiempos pasados y estaba igualmente interesado en las formas cristalinas griegas y en las formas de las bóvedas romanas o las arquitecturas islámica o gótica. Su búsqueda de similitudes internas no tenía nada que ver con la historia del arte: abarcaba las experiencias de toda la evolución arquitectónica. No es casualidad que la torre de Ronchamp se haya comparado con una construcción de un culto primitivo." Giedion, Sigfried, *Espacio, Tiempo y Arquitectura: Origen y Desarrollo de una Nueva Tradición*, p. 561.

[33] Curtis, William J.R., "Modern Architecture, Monumentality and the Meaning of Institutions: Reflections on Authenticity", *Harvard Architecture Review* 4, n.o Spring (1984), p. 76.

[34] Montaner, Josep M., *Después del Movimiento Moderno, Arquitectura de la segunda mitad del siglo XX*, primera edición (Barcelona: Gustavo Gili, 1993), p. 37.

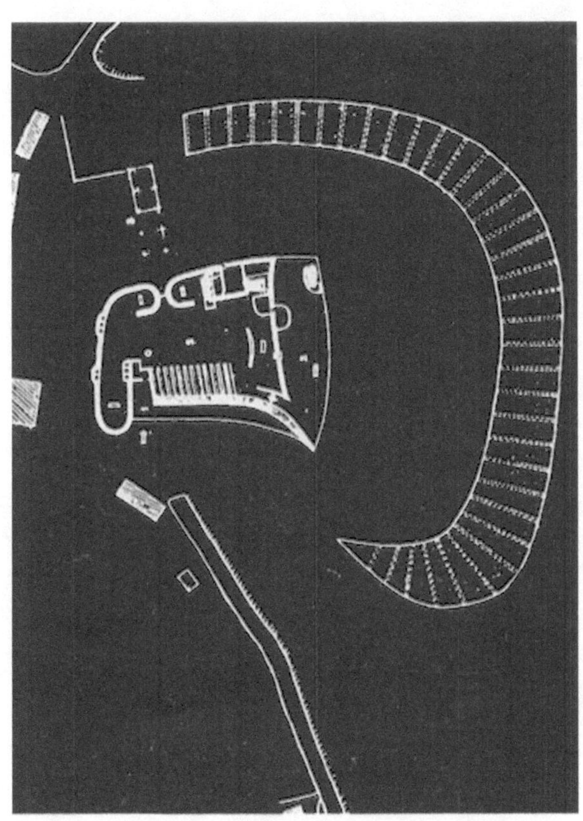

añejo y no niega la nostalgia anti-urbana descrita en las obras de
F.L. Wright o Lewis Mumford. A pesar de que la idea de composición
simbólica resulta conflictiva para describir el proyecto en términos
modernos, la dialéctica del espacio es visible parcialmente, principalmente en la relación interior-exterior. Con independencia de sus
particularidades formales, estos proyectos aportan una intención de
conformar espacio público vinculándose con el tipo de programa en
cuestión. Las cualidades plásticas o constructivas permiten diferenciar los componentes en la lógica compositiva.

ESCALERAS, CUBIERTAS
Y PLAZAS

ESCALINATAS

La relación física con el usuario no garantiza la condición monumental en arquitectura, aunque esta visión se haya representado redundantemente por determinadas estructuras en el poder. Sin embargo, para los expresionistas la búsqueda de un espacio colectivo que operara como objeto único, central o deslumbrante, centraba un interés por el espacio aglutinante que en buena media dependía de las grandes dimensiones, por ejemplo: la Corona de la Ciudad (1919) de Bruno Taut. Dicha intuición, trasladada a la nueva realidad soviética, formularía un tipo de edificio público para que el proletariado fuese capaz de "palpar visualmente (...) los rasgos de la futura ciudad de trabajadores libres"[1] o en otros términos: hacer visible lo deliberadamente memorable. En esa lógica, lo multitudinario se asocia con el carácter monolítico de los edificios, tanto en términos visuales como simbólicos. Así, en la disposición del espacio público moderno la idea de lo colectivo (fuerzas trabajadoras unificadas) es fundamental para proyectar los edificios que concentraban las tareas del Régimen. Esa idea colectiva evoluciona en relación con el espacio público –por medio de gigantescas escalinatas y plazas para los mítines– y se transforma con escenarios preparados para enaltecer a las cúpulas gobernantes: una manifestación que sería más clara con el ascenso totalitarista de los años treinta. Es preciso señalar que el impulso monumentalista, de una arquitectura literal o realista, parece estar implícito en el origen del discurso revolucionario.[2] La representación política, anticipada con las corrientes dominantes de la arquitectura, poco a poco adquiere un tono alineado con la ideología de los protagonistas: las distintas voces y corrientes formales de izquierda serían

[1] Jan-Magomédov, S.O., "Búsqueda de nuevos tipos de edificios públicos", en *Las cien mejores obras maestras del vanguardismo arquitectónico soviético* (Moscú: Editorial URSS, 2004), p. 117-118.

[2] "Los monumentos son el método más eficaz para eternizar la memoria de ciertas personas, para atraer la atención sobre la función social que estas personas cumplieron. (...) Y en esa tarea, la abstracción, la estilización son muy dañinas dado que atemorizan a las masas y ocultan el verdadero significado de la escultura." Zelinski, K., "Ideología y tareas de la arquitectura soviética", en *Constructivismo*, ed. Corazón, Alberto, Serie A, Comunicación 19 (Madrid, 1973), p. 251

vistas como ingenuas y anti-revolucionarias. Y se les acusaría de
pretender comunicar a proletarios y campesinos un discurso ajeno al
nuevo orden político: una lucha simbólica entre el realismo figurativo
y la abstracción geométrica.

MINISTERIO

Otra señal en el registro de una monumentalidad moderna, aparece
en el proyecto del Ministerio de la Industria Pesada (1934) de Ivan
Leonidov. El proyecto *leonidoviano* evoluciona en una órganización
lineal que desplazó al dinamismo de los elementos dispersos, característico de la primera etapa.[3] Los dispositivos, aunque perfectamen-
te diferenciados por programa, se subordinan a un orden axial y uni-
direccional próximo a una enorme gradería destinada a los desfiles
militares. Un gesto que simpatiza con los grandes foros romanos,
o un intento de conciliar la tradición ausente que se repetirá con
mayor frecuencia en proyectos posteriores. Sobre la plataforma se
posicionan tres rascacielos distintos: la torre de planta cuadrada que
remata en una retícula metálica con terrazas estructuradas por medio
de tensores, otro rascacielos de planta triangular y un tercer edificio
cuya planta circular se eleva ligeramente parabólica. Las superficies
de cerramiento están perforadas circularmente a manera de grandes
ventanas/terraza. Las torres se comunican entre sí por pasarelas
superiores. En uno de los extremos del conjunto se dispone otro
cuerpo parabólico menor que remata la disposición del eje, lo que
recuerda a las torres de enfriamiento de las plantas termoeléctricas.
Es importante mencionar que los cuerpos parabólicos y cónicos le
atraían en especial por su "monumentalidad, magnificencia, direccio-
nalidad ascendente y movimiento".[4] La monumentalidad del proyecto
coincide con el ensamblaje de piezas aparentemente discordantes
que ya ha propuesto Leonidov en el Instituto Lenin. Aquí, sin embar-

[3] Gozak, Andrei; Leonidov, Andrei, Ivan Leonidov, *The Complete Works* (London:
Academy Editions, 1988), p. 12.

[4] *Ibidem*, p. 15.

go, vemos que su calidad de espacio público es más acentuada por medio de las gradas, auditorios, tribunas y salas de exhibición a un lado de la Plaza Roja.[5]

CONFUSIÓN

En continuación con la disposición de escalinatas y graderías como señales de una intención monumental, hacia 1938 Leonidov completó su único proyecto construido: las escaleras paisajísticas en Kislovodsk. El enorme complejo debe entenderse como otro punto de transición entre el ícono de 1934 (Narkomtiazhprom) y los diseños más ambiguos que vendrían después, cuyas representaciones son más artísticas y subjetivas. A comienzos de los años treinta el arquitecto ruso fue acusado de formalista y soñador, incluso de ser un portavoz del gusto burgués. Sin embargo, en 1941 proyecta el Monumento a los Héroes de Pérekop, que pese a su organización asimétrica, representa abiertamente un retroceso formal para las cualidades abstractas de su primera etapa. En buena medida, esta propuesta no podría entenderse sin el antecedente del ejercicio de Kislovodsk: la ascensión a través de unos escalones monumentales a unas plataformas que son vigiladas por esculturas figurativas y más próximas al concepto clásico de monumentalidad. La verticalidad característica de los elementos espaciales mantiene un vestigio en el obelisco coronado por banderas. No obstante, las esculturas

[5] "La arquitectura de la Plaza Roja y del Kremlin es una delicada y majestuosa pieza musical. La introducción en esta sinfonía de un instrumento tan potente en su sonido y tan enorme en su escala, es aceptable sólo con la condición de que el nuevo instrumento guiará a la orquesta y destacará sobre todas los otras por sus cualidades arquitectónicas. Las bases del concurso del edificio Narkomtiazhprom no deben partir del esplendor, o del brillo de los detalles y las formas, sino de la simplicidad, austeridad, de un dinamismo armonioso, y un contenido sustancial. Los motivos históricos deben subordinarse en la composición al elemento guía, en el principio estético del contraste". Leonidov, Ivan, "From explanatory notes to the Narkomtiazhprom competition", *Arkhitektura SSSR* N° 10 (1934). Traducción del autor, p. 14-15.

literales de personajes que vigilan el complejo son un ejemplo del repliegue estético que habría de imperar con el control de la burocracia soviética.

PLATAFORMA

El énfasis en la verticalidad característica de los ejercicios de proyecto modernos (primera-modernidad), cede ahora a la disposición puntual y horizontal del volumen como referencia de contraste. El objeto

monumental tardo-moderno favorecerá espacios abiertos o vacíos fundamentales para su vivencia: el podio, que originalmente acogía concentraciones y desfiles militares, ahora ha quedado secularizado y puesto a disposición del encuentro cívico. Sobre la disposición se reconoce que Jørn Utzon recuperó en la práctica la conexión con el pasado a través de la plataforma prehispánica. Un gran plano que actúa como espacio abierto y volumen. Este aparato permitía diferenciarse del medio natural y delimitar un lugar elevado de acción, con lo que se introducía una conexión con la historia de la arquitectura. Por medio de la plataforma moderna se buscaba favorecer el interés común o colectivo del espacio. Se trataba de un componente de proyecto conveniente para diferenciar funcionalmente el programa principal de otros usos secundarios: acercamiento parecido a la tesis de Louis Kahn sobre los espacios servidores y servidos.[6] No obstante, la plataforma también padece un carácter escenográfico –expresivo y libre– que busca reclamar la autonomía del objeto arquitectónico, pues su presencia facilitaba a su vez la distribución de superficies orgánicas contrastantes, beneficiando la discrepancia programático-funcional: lo que es diverso, tenso u opuesto a un solo tipo de unidad formal. Esa tensión entre la superficie/espacio y el plano como base es característica de esta arquitectura. Esta lectura confirma la nostalgia que el proyecto despliega ahora: una composición que –en su aparente individualidad– exhibe partes que adquieren un valor significativo o la repetición de los modelos con un contenido más abstracto. La plataforma como herramienta del nuevo imaginario, junto con la cubierta o superficie, favorece las lecturas simbólicas. Asimismo, opera como mecanismo de transición, tanto para el ámbito individual –la pieza de arquitectura única– como para el desarrollo de lo que posteriormente se denominará conjunto.

CUBIERTA

La representación política que se vinculó con la modernidad arquitectónica, buscó simbolizar con la cubierta un instrumento que no pudo materializarse hasta que las posibilidades técnicas favorecieron el desarrollo de los usos colectivos, es decir: un momento tardío. En consecuencia, los grandes claros y espacios interiores se concretaron con programas característicos de auditorios, lugares de reunión, asambleas, canchas deportivas y en general sedes para concentraciones multitudinarias. Según K. Frampton "Le Corbusier trataba

[6] "Sobre la plataforma, los espectadores disfrutan de la obra acabada, mientras que debajo de ella tienen lugar todos sus preparativos." Utzon, Jörn, "Platforms and plateaus: ideas of a Danish architect [trad. Plataformas y mesetas: ideas de un arquitecto danés]", *Zodiac*, n.o 10 (1962). p. 112-140. En Utzon, Jörn, *Conversaciones y otros escritos*, ed. Puente, Moisés (Barcelona: Gustavo Gili, 2010), p. 19.

de establecer (una) forma (...) equivalente del siglo XX respecto a la cúpula renacentista, es decir, como signo de lo sagrado".[7] Así se establece el primer componente de la arquitectura monumental tardo-moderna. En esta lógica, se ha señalado que monumentalizar significa "distinguir de lo existente", un grado de singularidad que recupera conceptos como jerarquía, escala y proporción. En otras palabras, tanto el *brise-soleil* como otros elementos arquitectónicos cuentan con un papel instrumental en la composición tridimensional: son las herramientas objetivas de la lectura subjetiva. A partir de Ronchamp la representación de la modernidad tiene un vínculo plástico con la maleabilidad del hormigón o el paso de lo que se conoció después como arquitectura brutalista: la deformación del plano horizontal característico previo advierte el antes y el después en la obra de Le Corbusier.

METÁFORA

Con la Ópera de Sídney se distingue una falta de congruencia en términos constructivos: la forma de proyecto carecía originalmente de una lógica estructural bien definida, por lo que se tuvo que encontrar una solución adecuada por medio de paneles prefabricados, elevando el coste y tiempo de la obra. De esta experiencia se recordará un largo proceso de construcción que abarcaría cerca de 16 años, así como innumerables problemas relacionados con el papel del arquitecto Utzon en el proceso. En ese sentido, la capilla de Ronchamp y la Sydney Opera House sintetizan formalmente, con elementos concretos, el proyecto como evolución material de la monumentalidad

[7] "La preocupación de Le Corbusier por la resonancia cultural de un edificio en relación a su emplazamiento fue formulada por primera vez en 1923, cuando caracterizó la Acrópolis y su Propylea como aquel punto "en el que no es posible quitar nada más, en el que nada puede quedar ya excepto aquellos elementos violentos y estrechamente enlazados, que suenan tan claros y trágicos como trompetas de bronce". Esta imagen apasionada de la Acrópolis... reaparece como un tema constante a través de su vida y con mayor *pathos* a finales de su carrera." En Frampton, Kenneth, "Le Corbusier y la monumentalización del vernáculo, 1930-1960", p. 231.

tardo-moderna. Con la cubierta se potencia la lectura de la obra en función de signos metafóricos conflictivos, sean las olas del mar o las formas de un crustáceo, respectivamente. Sin embargo, en Sídney hay un acercamiento más certero para la recuperación de arquetipos, por medio de su plataforma-escalinata prehispánica. Dicha arquitectura recupera la idea de composición que conforma un tipo de ensamblaje. La construcción de partes constitutivas con un fin determinado ahora cede terreno a la libertad expresiva de las piezas sin articulación explícita sino perceptiva.

RÉPLICAS

Es un hecho que con Ronchamp se abrió el camino para la experimentación formal liberal, característica que habría de encontrar nutridos ecos en los Estados Unidos con la obra de Eero Saarinen. A medio camino entre las propuestas constructivas de Nervi, Candela y Tange, la arquitectura de Saarinen retoma el planteamiento estético y simbólico señalado por Utzon: "La búsqueda de formas curvas, que sean a la vez estructura y contenedor que sostiene, define y cualifica los espacios, es un recurso que va más allá del cálculo y las leyes de la estática para explorar aquellos recursos más expresivos, monumentales y creativos de la arquitectura".[8] La cubierta desprende dos lecturas implícitas: como elemento espacial –en Ronchamp– y como espacio principal –Sídney–. Es así que la terminal de la TWA (1956-1962), en el aeropuerto Johh F. Kennedy de Nueva York, es heredera de la segunda categoría. Una estructura/forma/alegoría en la que se determina la resolución programática interior. Casos similares son el aeropuerto Internacional Dulles en Chantilly, Virginia (1958-1962), el Hockey Ingalls Rink en la Universidad de Yale (1953-1958) o el Kresge Auditorium en el Institute of Technology en Cambridge (1955).

[8] Montaner, Josep M., *Después del Movimiento Moderno, Arquitectura de la segunda mitad del siglo XX*, primera edición (Barcelona: Gustavo Gili, 1993), p. 60.

SÍNTOMAS

En la posguerra el avance del proyecto compositivo se manifiesta
con mayor libertad en la arquitectura de los grandes maestros, con
el objetivo de distanciarse del estricto modelo racional/maquinista/
moderno. Por un lado, aparece la simetría de Mies van der Rohe y por
otro lado destaca la respuesta vernácula de Le Corbusier. La idea
de composición estática, contraria a la razón de las primeras vanguardias, se afirma con éxito a través de la negación surrealista en
el desajuste generalizado de la transición tardo-moderna. Durante
este periodo las abstracciones del canon clásico resultan imprecisas
y no menos contradictorias. El contraste visual proviene de lecturas
formalistas, contrarias al significado puro de la construcción moderna. La composición en este apartado es cuestionable porque temporalmente es paralela a la irracionalidad totalitaria con sus simetrías,
jerarquías y ejes; los característicos edificios monumentalistas, así
como sus descomunales planes urbanos. En ese sentido: ¿cómo se
beneficia el discurso arquitectónico moderno cuando recupera esas
nociones? La presunción de que el Proyecto es un procedimiento más
avanzado que la Composición indica parte del problema. Asimismo,
que las superficies y sus posibilidades plásticas faciliten una lectura
parecida a la de las construcciones antiguas, supone una intención de
emparentar la condición monumental con lo monolítico. Sin embargo,
esas superficies no responden a los postulados clásicos del diseño
visual. Aquí un salto dimensional: la composición se reconoce desde
una potencialidad volumétrica unitaria. Tanto en el collage, como en
la escultura surrealista (Giacometti), la composición se resuelve por
la yuxtaposición de determinados elementos en el espacio[9] y por las

[9] "Las esculturas en tableros de juego de Giacometti, con su novedosa orientación
horizontal, son pioneras en la escultura: obra y pedestal, lo presentado y la forma
de presentación, se interpretan, 'lo expuesto [...] comienza a fundirse con el entorno
real', el espacio y el tiempo reales se convierten en parte de las esculturas. El espacio
no es desplazado ni encerrado, sino presentado. Las formas, más que dominar la
superficie, se pierden sobre ella: Giacometti empieza a jugar con su colocación y con
sus movimientos en relación recíproca sobre la planca de soporte que las une, como
si fuera un terreno de juego." Görgen, Annabelle, "Terrenos de juego. La escultura
como lugar: de las maquetas surrealistas a la Chase Manhattan Plaza", en *Giacommeti:
Terrenos de juego* (Madrid: Fundación MAPFRE, 2013), p. 17.

posibilidades formales que cada elemento presenta.[10] El antecedente
de la modernidad más revolucionaria desprendía cierto efecto monumental por el hecho de distinguirse del contexto circundante. Pero
esta idea se desgasta cuando se adoptan criterios estéticos que se
reproducen indiscriminadamente una y otra vez, algo más propio de la
superficialidad de los estilos que de un razonamiento o construcción
congruente de la arquitectura. Durante la tardo-modernidad el paradigma se transforma: la voluntad por diferenciarse de lo existente con
un fin deliberadamente solemne y simbólico ya no encuentra ningún
pudor, ni se produce como acto involuntario de su tiempo.

PLAZA

La modernidad en la posguerra ofrece dos vertientes, según Manfredo Tafuri,[11] que se inscriben en la articulación de nuevos símbolos.
Por un lado, el modelo de Mies van der Rohe, con la caja de cristal
que –dada su repetición prototípica– se adecúa al contexto urbano.
Por otra parte, está la obra del último Le Corbusier y el gigantismo
de sus formas orgánicas. Así, como ejemplo de la primera vertiente,
entre 1954 y 1958 se construyó el edificio Seagram en el 375 de Park
Avenue en Nueva York. La sede de esta empresa de bebidas alcohó-
licas representa la vertiente de cristal y acero que produjo una imagen asociada al espacio corporativo, misma que habría de copiarse
hasta la saciedad en los años posteriores. El diseño en planta es
aparentemente rectangular y visualmente desde el exterior se vincula
parcialmente con la forma de la pastilla, pero se retranquea del borde

[10] De Prada define a los elementos como "cualquier principio constituyente o cualquier parte integrante de algo. En lo que se refiere a la forma, un elemento debería
tener suficiente autonomía como para poder separarse del conjunto aunque sólo sea
mentalmente. *Relaciones* son los vínculos estructurales que mantienen la cohesión
entre los *elementos* y los integran en una totalidad coherente." De Prada, Miguel,
Arte y composición: El problema de la forma en el arte y la arquitectura (Buenos Aires:
Nobuko, 2008).
[11] Tafuri, Manfredo, *Teorías e Historia de la Arquitectura* (Madrid: Celeste, 1997), p. 172.

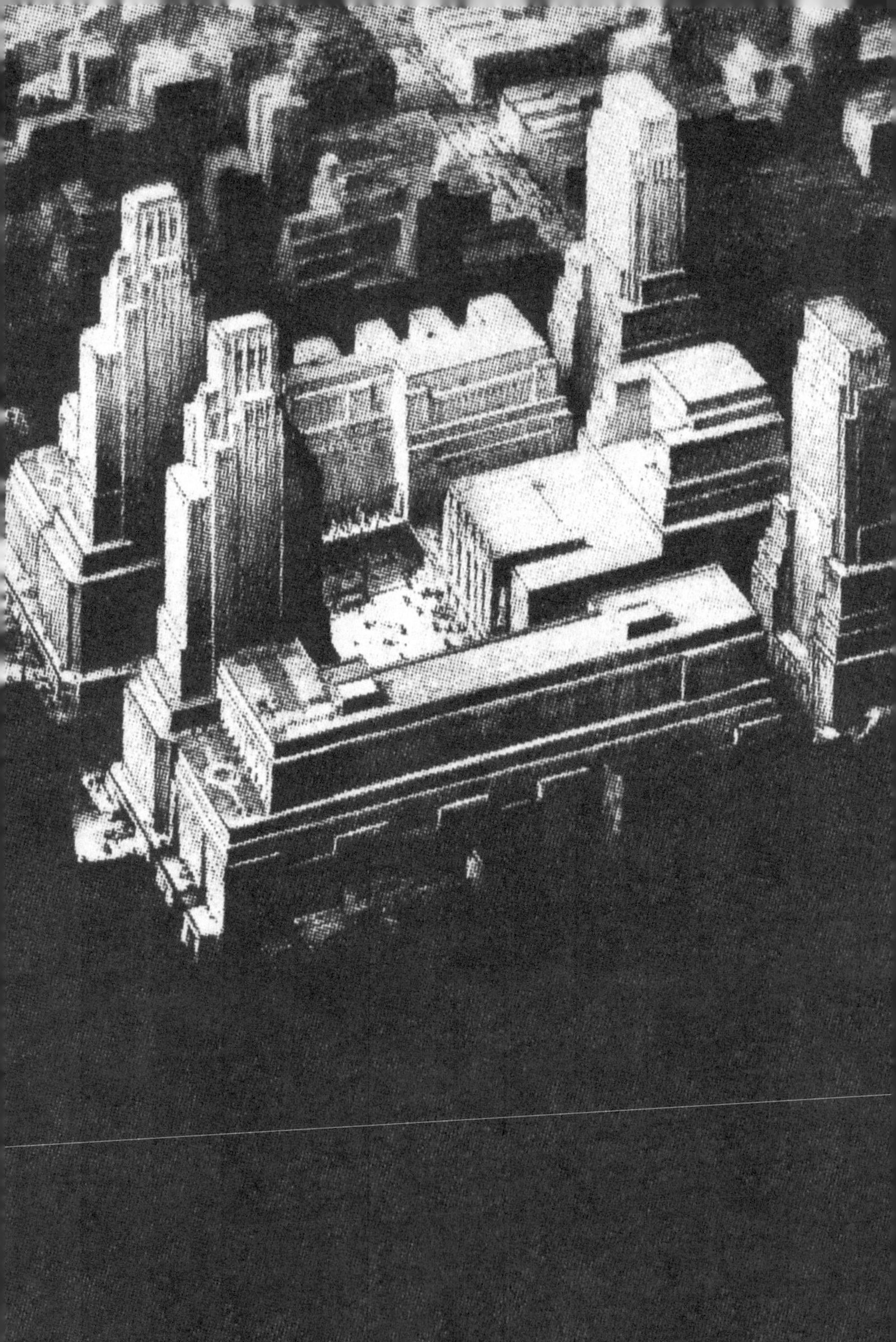

del predio para generar una plaza de acceso con espejos de agua dispuestos simétricamente. El gesto aprovecha la condición de esquina para reforzar la solemnidad y –hasta cierto punto– monumentalidad experimentada por Mies desde su llegada a Norteamérica. El espacio liberado diferencia el planteamiento dentro de la dinámica de ocupación dominante, favoreciendo un lugar de encuentro en la lógica de los dictados de la Nueva Monumentalidad. El clasicismo de Mies se evidencia con el paso de los años.

CENTRO

El Rockefeller Center fue erigido entre 1931 y 1939. Como experimento urbano, por sus cualidades programáticas y formales, figura en la lectura de Giedion con equivalencia a los centros cívicos históricos. Una analogía con la que se representaba la continuidad de los valores colectivos occidentales pendientes en el desarrollo de la ciudad moderna. Dice Giedion optimista: "las grandes ciudades del futuro contendrán centros cívicos, lugares públicos que –al igual que el ágora de Atenas, el foro de Roma y las plazas de las catedrales medievales– formarán un foco de atención comunitario y un lugar de encuentro popular. El primer centro cívico importante en el que unos grandes edificios establecieron múltiples relaciones entre sí fue el Rockefeller Center en Nueva York."[12] Sin embargo, el origen del Rockefeller Center se remonta a la propuesta de Benjamin Morris para la sede de la Ópera Metropolitana (1928). En este conjunto urbano estaba presente una gran plaza, el "crater"[13] en términos de Koolhaas, rodeada

---

[12] Giedion, Sigfried, *Espacio, Tiempo y Arquitectura: Origen y Desarrollo de una Nueva Tradición*, definitiva (Barcelona: Reverté, 2009), p. 800-802.

[13] "El proyecto de Morris, con el vacío de la explanada del centro, es como el cráter de un volcán apagado. En un gesto de reparación comercial y metafórica, Todd y sus arquitectos reemplazan el cráter por el pico de un edificio de oficinas. Esta corrección define y fija lo primordial del Rockefeller Center; todas las versiones posteriores son variaciones del mismo motivo arquitectónico: una supertorre al centro y cuatro torres más pequeñas en las esquinas del emplazamiento. Koolhaas, Rem, *Delirio de Nueva York*, primera edición en español (Barcelona: Gustavo Gili, 2004), p. 183.

por edificios altos: un esquema que habría de reducir su dimensión en la forma final del Rockefeller, al invertir la jerarquía y dando significado a un edificio principal. Sin embargo, es importante señalar que otro antecedente parecido está en la visión[14] que Raymond Hood esbozaba sobre las ciudades de torres. Hood consideraba posible abrir espacios que alterasen la rigidez de la retícula, fusionando predios y facilitando mayores áreas de superficie, para dar mayor importancia al gran artefacto central.

GENÉTICA

La sede de las Naciones Unidas concluye parte del proceso en la investigación para la representación política durante la modernidad. Veinte años después del descalabro sufrido en el concurso de la Liga de Naciones (1927), Le Corbusier participó en el episodio de la ONU con el esquema 23A. Un punto de partida de lo que finalmente llegó a construirse. Sin embargo, los intereses económicos y políticos alrededor de la obra –dada la imparcialidad geográfica en la ubicación del complejo– restringirían el peso de su nombre. Su papel habría de ser relegado a un segundo plano después de que Wallace K. Harrison asumiera la jefatura del proyecto. El entonces joven arquitecto Oscar Niemeyer, también fue parte del equipo con el esquema 32, que es la otra referencia fundamental de lo que hoy día se erige en Nueva York.[15] Si en el caso del Rockefeller Center hay algo de experimental y pragmático según el discurso de Koolhaas, la ONU es menos espontánea para la resolución de una monumentalidad concreta. Esa distinción se centra en la verdadera necesidad de producir un espacio adecuado para el acuerdo y la negociación entre los poderes internacionales. Sin embargo, se debe decir que Le Corbusier fue incapaz de resistir la exigencia de la dinámica metropolitana: al dejar de lado su

---

[14] *Ibidem*, p. 164.

[15] Para una narración sobre los acontecimientos en voz del propio Niemeyer consultar: Niemeyer, Oscar, *Diario - Boceto / Oscar Niemeyer*, trad. Arijón, Teresa y Belloc, Bárbara (Ciudad Autónoma de Buenos Aires: Manantial, 2014).

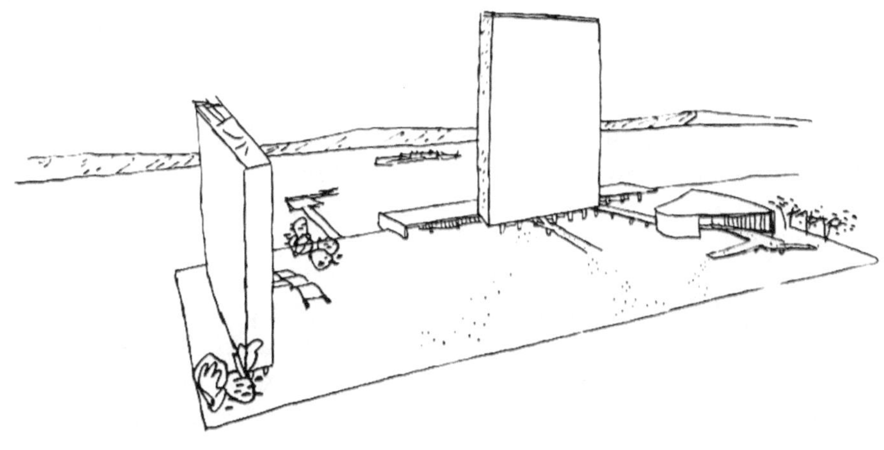

visión cartesiana del rascacielos recupera por asociación contextual la referencia simbólica y espacial del edificio RCA[16] para el esquema 23A. Así, la forma/función del objeto monumental moderno se perfila a través de elementos que jerarquizan la organización espacial, en medio de una plaza que se articula con volúmenes de menores dimensiones. Niemeyer, por su parte, también contemplaba dos dispositivos verticales o *slabs* que contenían las funciones burocráticas en torres de cristal. El arquitecto brasileño ya había experimentado con esa forma de la mano de Lucio Costa y también del propio Le Corbusier con el Ministerio de Educación y Salud en Río de Janeiro (1939-1945). La particularidad más notable entre las propuestas se

[16] Von Moos, Stanislaus, *Le Corbusier: elements of a synthesis, revised and expanded* (Rotterdam: 010 Publishers, 2009), p. 243.

debe a la decisión de Niemeyer para asignar mayor preponderancia a la plaza, aislar los elementos programáticos y acentuar el vacío que solemnizara la integración del conjunto. Le Corbusier, mientras tanto, se inclinó por aglutinar el programa, dando paso a la monumentalidad proclive del objeto monolítico.

AUSENCIA

En la plaza la solemnidad de lo ausente construyó parcialmente la expresión monumental tardo-moderna. En ese sentido, el protagonismo de lo que no ocupa un lugar en el planteamiento con relación a la materia edificada resulta fundamental: la articulación de estos espacios –como piezas escultóricas dispuestas en un tablero–[17] no deja lugar a dudas en muchos de los experimentos de la época. Sea por un requerimiento higienista –que solicitaba la separación de los edificios entre sí para facilitar unas condiciones de habitabilidad adecuadas– o por la reinterpretación de una tradición aislada y necesaria para la configuración del objeto monumental, los ejercicios urbanos de mediados de los cincuenta definieron su estampa en el terreno libre. Dichas aéreas permitieron el surgimiento de zonas de esparcimiento, plazas, estanques y espacios verdes. Al tiempo que producían cierta solemnidad apoyada en los enormes volúmenes que se habían esbozado con las arquitecturas ilustradas de Boullée y Ledoux. No obstante, a diferencia de entonces, la atención se centra en la relevancia del conjunto y su significado fuera del papel. Los capitolios diseñados en medio de extensa áreas también presentan una doble interpretación, sus plazas contemplativas acentúan la individualidad de los componentes arquitectónicos pero contienen un mensaje oculto: favorecer un sentido supuestamente democrático y cuya trascendencia, en el mejor de los casos, es utilitaria.

[17] En cuestión de dimensiones, la entonces acrítica visión de Giedion manifestaba: "lo que asombra a los europeos son las grandes distancias que quedan entre los edificios. Pero no habrá zonas muertas entre ellos. El escultor que había en Le Corbusier aprovechó la oportunidad para modelar la enorme superficie mediante variados niveles, grandes estanques, praderas verdes, árboles aislados y colinas artificiales

KAHN

Louis Kahn es relevante para el tema de la monumentalidad por ser el artífice de una práctica que "constituye un caso único en la historia de la arquitectura del siglo XX".[18] Kahn concibe la tradición como un referente de la monumentalidad con referencias a otras épocas cuando emplea términos como "grandeza" o "significado". Aun así aclara que las aportaciones constructivas de las civilizaciones antiguas contienen una capacidad inspiradora e imposible de igualar. En otros términos: la monumentalidad del pasado no es duplicable, pero su inspiración de "grandeza" lo es.[19] Sobre este asunto escribió un ensayo puntual titulado "Monumentality", que plantea una ruptura fundamental con la configuración previa de la primera-modernidad: lo enigmático de la monumentalidad es que no puede "crearse deliberadamente". Es decir, al no ser una consecuencia de un proceso sometido a juicios críticos –en sus propios términos, "deliberado"– lo monumental se inscribe en el territorio metafísico, con un valor "espiritual" y "enigmático"[20] de las edificaciones. Lo que conduce a la cuestión simbólica de la construcción: el tiempo es un catalizador de las mejores expresiones estructurales: arcos, contrafuertes, cúpulas y bóvedas. Sin embargo, su ejercicio profesional es el que registra notablemente dichas inquietudes. Kahn configura un espacio monumental que apela a la relación de lo construido y el vacío, así como

hechas con materiales sobrantes; y también mediante representaciones simbólicas de la espiral armónica, el recorrido diario del sol y otras similares." Giedion, Sigfried, *Espacio, Tiempo y Arquitectura: Origen y Desarrollo de una Nueva Tradición*, p. 538.

[18] Renato Fusco y Cettina Lenza en Le nuove idee di architetura. Storia della crítica de Rogers a Jencks, Estaslibri, Milán, 1991. En Montaner, Josep M., *Después del Movimiento Moderno, Arquitectura de la segunda mitad del siglo XX*, primera edición (Barcelona: Gustavo Gili, 1993), p. 62.

[19] Kahn, Louis I., Kahn, Louis I., "Monumentality [trad. La monumentalidad]", en *New Architecture and City Planning. A symposium*, ed. Zucker, Paul (New York: Philosophical Library, 1944), p. 577-588. En Kahn, Louis I., *Louis I. Kahn: escritos, conferencias y entrevistas*, ed. Latour, Alessandra, Biblioteca de Arquitectura 11 (Madrid: El Croquis, 2003), p. 24.

[20] Kahn, Louis I., "Monumentality [trad. La monumentalidad]". En Kahn, Louis I., *Louis I. Kahn: escritos, conferencias y entrevistas*, p. 23.

a la lógica del sistema estructural. Su monumentalidad perdura por
una porosidad particular con la que se modela el espacio. En ese
sentido, la relación con los espacios abiertos como en el urbanismo
monumental de los años cincuenta, también juega un papel fundamental. Los laboratorios del Salk Institute en California son probablemente el caso más contundente: un tributo al sitio por medio de una
gran explanada que agrupa simétricamente la masa construida y abre
sus vistas al mar.

MONOLITO SIMBÓLICO

RCA

La consolidación del edifico en altura como objeto monumental en la
modernidad, cumplía con una cualidad simbólica denominada por los
expresionistas como la corona de la ciudad. Pero en su revisión a la
cultura de la congestión, Rem Koolhaas sugiere otro enfoque: el rascacielos es la manifestación más pura como monumento del siglo XX o
"automonumento". Es decir, lo simbólico recae en la literalidad de sus
grandes dimensiones, en el exceso de masa crítica, en la irrelevancia del
programa o el tipo de actividades para las que está pensado. El edificio
en altura suscita admiración porque no puede evitar ser un "símbolo
vacío"[1] y representó la oportunidad para esbozar contextos utópicos,
con los que se vislumbraron posibilidades tanto funcionales como
expresivas de esas "nuevas tareas metropolitanas y monumentales de
la arquitectura".[2] Así, el orden impuesto por el capitalismo eficiente
que determina la cantidad de luz, aire y superficie construida, generó
en Manhattan un aparato capaz de conjuntar el aprovechamiento máxi-
mo de los recursos y elaborar su lectura de los postulados estéticos,
interpretados por Johnson y Russell Hitchcock en 1932: una aproximación a lo monumental dentro de la metrópoli que se aleja de la práctica
característica de los regímenes políticos europeos. En aquella época,
S. Giedion habría de recordar esa forma con el mote de *Slab* o *pastilla*.
Escribe el historiador: "la aparición de la nueva forma de rascacielos de
la sede de la Radio Corporation of America (RCA), de 1931-1932 (...), obra
de Raymond Hood (...) se alza en su solar como un inmenso rectángulo
vuelto hacia arriba, una forma imposible de realizar en ningún otro periodo. Esa figura surgió de modo natural a partir de consideraciones puramente técnicas y económicas acerca de cómo proporcionar una iluminación normal a todos los puntos del espacio utilizable."[3] El término "Slab"

[1] Koolhaas, Rem, *Delirio de Nueva York*, primera edición en español (Barcelona: Gustavo Gili, 2004), p. 100.

[2] Marchán Fiz, Simón, *Contaminaciones figurativas: imágenes de la arquitectura y la
ciudad como figuras de lo moderno* (Madrid: Alianza Editorial, 1986), p. 144.

[3] La traducción del término *slab* en la edición castellana de *Espacio, Tiempo y Arquitectura* lo denomina *pastilla*. Consideramos que es más pertinente el significado direc-
to del término *slab* en inglés que, según el diccionario *Merrian-Webster*, se traduce
como *losa*. A su vez el término en el castellano significa piedra llana y de poco grueso
o sepulcro de cadáver. (Ver Diccionario de la Real Academia del Español).

inscribe un parentesco con la imagen de los monolitos en la forma de estela o lápida:[4] un cuerpo macizo erigido que indica que algo yace ahí mismo, producto de la homogeneización de los principios estéticos extraídos del Estilo Internacional. Un símbolo moderno de gran utilidad para la representación política y económica de la posguerra.

ANTECEDENTE

La forma del edifico "Slab" o pastilla es un paralelepípedo de planta rectangular que se caracteriza por su esbeltez debido a la reducida

[4] Otras variantes para definir un cuerpo esbelto, vertical, macizo y poco grueso varían entre estela, pastilla, losa o lápida –por el carácter mortuorio similar al de los monolitos–. Todos formalmente cuentan con las mismas características y se ven envueltos en un halo de simbolismo-funerario inevitable.

proporción de las caras menores. En su versión más conocida fue un volumen sin concesiones estilísticas como remates, escalonamientos o reducciones de área construida por planta. Este símbolo construido de la tardo-modernidad, es un derivado simplista de lo que en Estados Unidos fue extraído de las vanguardias europeas e interpretado por Johnson y Russell Hitchcock para la exposición del MoMA de 1932. Sin embargo, desde 1912 hay antecedentes de la forma con la propuesta de Frank Lloyd Wright para el San Francisco Press Building. Por su parte, el RCA en el Rockefeller Center fue el primer paso material en el desarrollo del concepto de "Slab". En el RCA Building se distingue una característica que posteriormente desaparecerá: los retranqueos que eliminan la pureza visual del cuerpo como se define la sede de la ONU. Siendo este edificio y las pastillas de la Plaza de los Tres Poderes en Brasilia los momentos más visibles de esa investigación.

PASTILLA

El planteamiento funcional del RCA "producto de las presiones comerciales en el desarrollo de los bienes raíces, (...) es resulta-do de las circunstancias (...) más que de la creatividad."[5] Con ello, el arquitecto Raymond Hood[6] dispuso el núcleo de ascensores al centro de la planta y organizó el resto de los espacios en la perife-ria. Y determinaba no alejar los bloques de servicios más allá de 27 pies –aproximadamente 8 metros– con el objetivo de proporcionar iluminación y ventilación naturales uniformemente a todas las áreas del edificio. Sin embargo, su exterior Art Decó con retranqueos y modulaciones, buscaba generar un dramatismo particular en la fachada, alejándose del principio estricto de coherencia construc-tiva y material moderna. Hood justificó su decisión pues, al reducir el número de ascensores en la parte superior, conservaba el mismo principio de los 27 pies de separación máxima entre ventanas y

[5] Balfour, Alan, *Rockefeller Center: Architecture as Theater* (New York: McGraw-Hill Book Company, 1978). Traducción del autor, p. 38.

[6] Koolhaas, Rem, *Delirio de Nueva York*, p. 188.

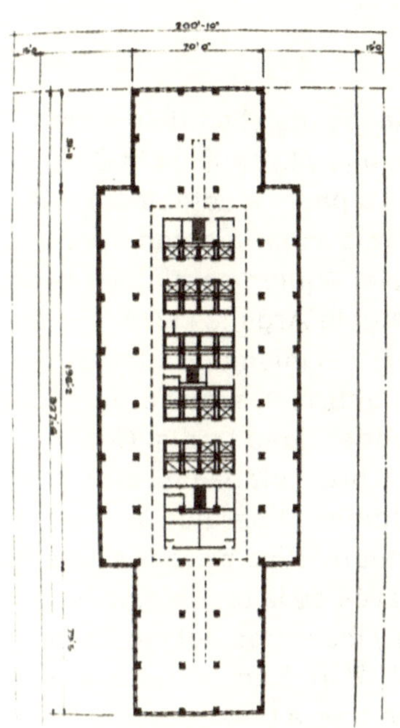

núcleo de servicios. Con la intención de mantener un área equivalente de aproximadamente 2300 m² de alquiler por cada planta del
edificio sin afectar las condiciones de funcionamiento. Señala Alan
Balfour[7] que esos retranqueos añadían costes extras al proceso de
obra, por ello la pastilla evolucionó al volumen puro que hoy se cono-
ce. Giedion manifestó lo significativo de esta forma desde la primera
edición de *Espacio, Tiempo y Arquitectura* (1941), pues anticipaba así
la generación de nuevos símbolos en el contexto previo a la Nueva
Monumentalidad: "El rascacielos en forma de *pastilla* es tan significativo y expresivo de su época como el obelisco monolítico y la torre de
la catedral lo fueron de las suyas."[8]

[7] Balfour, Alan, *Rockefeller Center: Architecture as Theater*, p. 40.

[8] Giedion, Sigfried, *Espacio, Tiempo y Arquitectura: Origen y Desarrollo de una Nueva Tradición*, definitiva (Barcelona: Reverté, 2009), p. 803.

LEGADO

El proceso de evolución formal de la pastilla, desde el edificio de la RCA hasta su consolidación purista en Brasilia y la sede de la ONU en Nueva York, abarca más de veinte años. La pastilla estableció una variación en el tipo del rascacielos. Un modelo experimentado por los grandes maestros modernos, de Le Corbusier –quien parcialmente es padre del edificio de la ONU– con el proyecto de Argelia (1938) a Mies van der Rohe con el Seagram Building (1957) y el mismo Walter Gropius con el rascacielos Pan Am (1963). Se confirma así su carácter de monolito simbólico en el desarrollo de la modernidad tardía. Como señaló Reyner Banham, ese tipo de edificios proyectaba un valor emblemático que "resumía todas las aspiraciones liberales de mejora social, protección institucional de los oprimidos y los privados de privilegios, junto con la idea del progreso a través de la tecnología, que había inspirado a los pioneros, fundadores y maestros del Movimiento Moderno, a sus seguidores y discípulos".[9] Pero Banham aclara: la misma cualidad instrumental que dio origen a esta tipología, desactivaría –con el transcurso del tiempo y la reproducción infinita– su carácter de representación. De este modo se daba paso a un canon que "parece haber servido demasiadas veces a los mismos inhumanos propósitos, ya que las grandes corporaciones y burocracias de todo el mundo han imitado su estilo de torre de cristal para sus propios cuarteles y sucursales".[10] En el desarrollo de la modernidad, la representación simbólica pierde fuerza desde la política para migrar a otra con carácter económico y corporativo.

TOTEM

Aquella forma descrita por Giedion tuvo repercusión como elemento simbólico dentro de la cultura popular de mediados del siglo pasado.

[9] Banham, Reyner, *Teoría y Diseño en la primera era de la máquina*, 1a edición en Paidós (Barcelona: Ediciones Paidós, 1985), p. 17.

[10] *Ídem*.

En 1949 se estrena The fountainhead (King Vidor), basada en la novela de la escritora ultraconservadora Ayn Rand. Titulada en castellano El Manantial, la historia plantea la defensa de los valores individualistas ante la amenaza del "terror" colectivo y el sometimiento a las voluntades de grupo. Un producto de propaganda adecuado al áspero contexto posterior de la Segunda Guerra Mundial: la Guerra Fría. El arquitecto Howard Roark (Gary Cooper) encarna el papel de héroe que sorteaba adversidades y evitaba comprometer sus narcisistas principios individuales. En un momento de la historia, el arquitecto/artista presenta ante un grupo de inversores el proyecto de un moderno rascacielos. Los clientes aceptan las ideas del proyecto aparentemente con satisfacción, pero sugieren algunas adaptaciones formales al volumen: la maqueta del proyecto tiene un aspecto similar a la pastilla de la Naciones Unidas. Según los clientes el problema está en la arriesgada expresión moderna y abstracta del edificio, por lo que solicitan agregar al paralelepípedo elementos reconocibles: frontones, ritmo en ventanas, balaustradas, etc. Como acto heroico, el protagonista rechaza por completo la oferta debido a que su integridad profesional y personal se han visto amenazadas. La escena es sugerente porque anticipa los argumentos de la crítica posmoderna norteamericana. Pareciera que la modernidad previa a la guerra – incompleta, aséptica y austera– simplemente requería de una sencilla operación de confección arquitectónica para lograr aquello que no se había podido resolver hasta entonces.

ORGANIZACIÓN ESPACIAL

RECOPILACIÓN

La tardo-modernidad se caracterizó por un acercamiento a las artes plásticas como contrapeso del llamado modelo maquinista. En esta fase, la voz de Giedion se posiciona con el interés por los espacios de representación que el primer periodo moderno no había sido capaz de producir. Asimismo, existe una pretensión de aspirar al valor simbólico que figura como evolución en el pensamiento, dado el materialismo racionalista dominante de la etapa previa. Es decir, se busca asignar importancia a los sentimientos, las emociones, los valores de una cultura representados por sus tradiciones que anteriormente no interesaban. Además este tiempo presenta una lectura que indaga en el medio local desde la conformación de la realidad norteamericana, trazada en el ámbito de los círculos académicos y culturales europeos emigrados a Norteamérica; en contraposición a la multi-direccionalidad de las vanguardias y su divergencia de contextos culturales de origen. El pensamiento liberal, el regionalismo y cierta individualidad artística responden al propósito de la Nueva Monumentalidad. Aunque el discurso hable de espacios comunales para la colectividad, en ambos periodos la idea de lo comunal es muy distinta: por un lado, con una notable carga ideológica, por otro, cuando la ideología se corrompe por el poderío económico. De aquí se desprende otra diferencia: la modernidad, como proyecto (hipotético) monumental, investigó con objetos autónomos, únicos, espacios determinados por un programa concreto: *periódico*, *palacio*, *oficinas*, entre otros. En la etapa posterior, ese sentido conmemorativo se configura alrededor del conjunto y el grupo, una nueva organización con incidencias urbanas y de mayor escala: la ciudad, por los centros urbanos y cívicos.

GIACOMETTI

La idea del conjunto moderno como aportación de la Nueva Monumentalidad habría de consolidarse en las décadas posteriores. El conjunto o grupo adopta diversas interpretaciones y permanecerá de manera latente en los programas que organizarían incluso ciudades enteras. El ejemplo por excelencia de esa arquitectura monumental fue Brasilia y Chandigarh; así como otros proyectos que no lograron concretarse como fue el caso de Saint-Dié (1945). Lo relevante en este sentido es el relevo de la pieza única de arquitectura y el interés por el planteamiento de varios elementos que configuran el proyecto simbólico y físico.[1] Así, para simbolizar las aspiraciones de la Nueva Monumentalidad, Giedion insiste en representar este principio de

[1] Giedion, Sigfried, *La Arquitectura, fenómeno de transición (las tres edades del espacio en arquitectura)* (Barcelona: Gustavo Gili, 1975), p. 328-330.

organización en relación con los elementos plásticos. Una representación extraída de las esculturas surrealistas de Alberto Giacometti de la década de los treinta. Las obras del artista suizo indagaban en las definiciones espaciales bajo el principio de yuxtaposición, que relacionaba cuerpos inconexos tanto en formas, tamaños y posiciones. Estas piezas se caracterizaban por contar con plataformas o tableros sobre los que se colocaban los elementos constitutivos. A partir de estas referencias, el principio compositivo de la arquitectura supondría un conflicto para el proyecto como ejercicio moderno por su adeudo con el aspecto estético y artístico. Es de particular interés reconocer los elementos constituyentes del conjunto: volúmenes como aparentes elementos autónomos articulados por espacios intersticiales, circulaciones diferenciadas, mecanismos verticales de jerarquización, escalinatas y plataformas con una remembranza directa a las culturas antiguas, entre otros. La imagen más precisa en este sentido se titula *Projet pour une place*. Al objetivar las partes de la escultura, el enfoque surrealista de Giacometti desmantelaba los rastros de la estructura tradicional en el orden de la pieza: desde la disposición anti-vertical y fragmentaria de los ejercicios, hasta la desestructuración del planteamiento pedestal/escultura. Esto es, la presencia de una intención relacionada con una probable tradición no podía estar más en conflicto debido a que, en el surrealismo de Giacometti, está implícita la consigna de aquella "guerra colectiva a los *monumentos* erigidos en lugares públicos como símbolo del poder y la tradición".[2] Lo monumental en la modernidad tiene registros contradictorios.

FIGURA

El análisis de escenarios pasados confirma una utopía inherente en el proyecto monumental colectivo. El Centro Cívico de Saint-Dié (Le Corbusier, 1945) ilustra el concepto de ensamblaje tardo-moderno. El plan para la reconstrucción de la ciudad desarrollaba un esquema

[2] Görgen, Annabelle, "Terrenos de juego. La escultura como lugar: de las maquetas surrealistas a la Chase Manhattan Plaza", en *Giacommeti: Terrenos de juego* (Madrid: Fundación MAPFRE, 2013), p. 18.

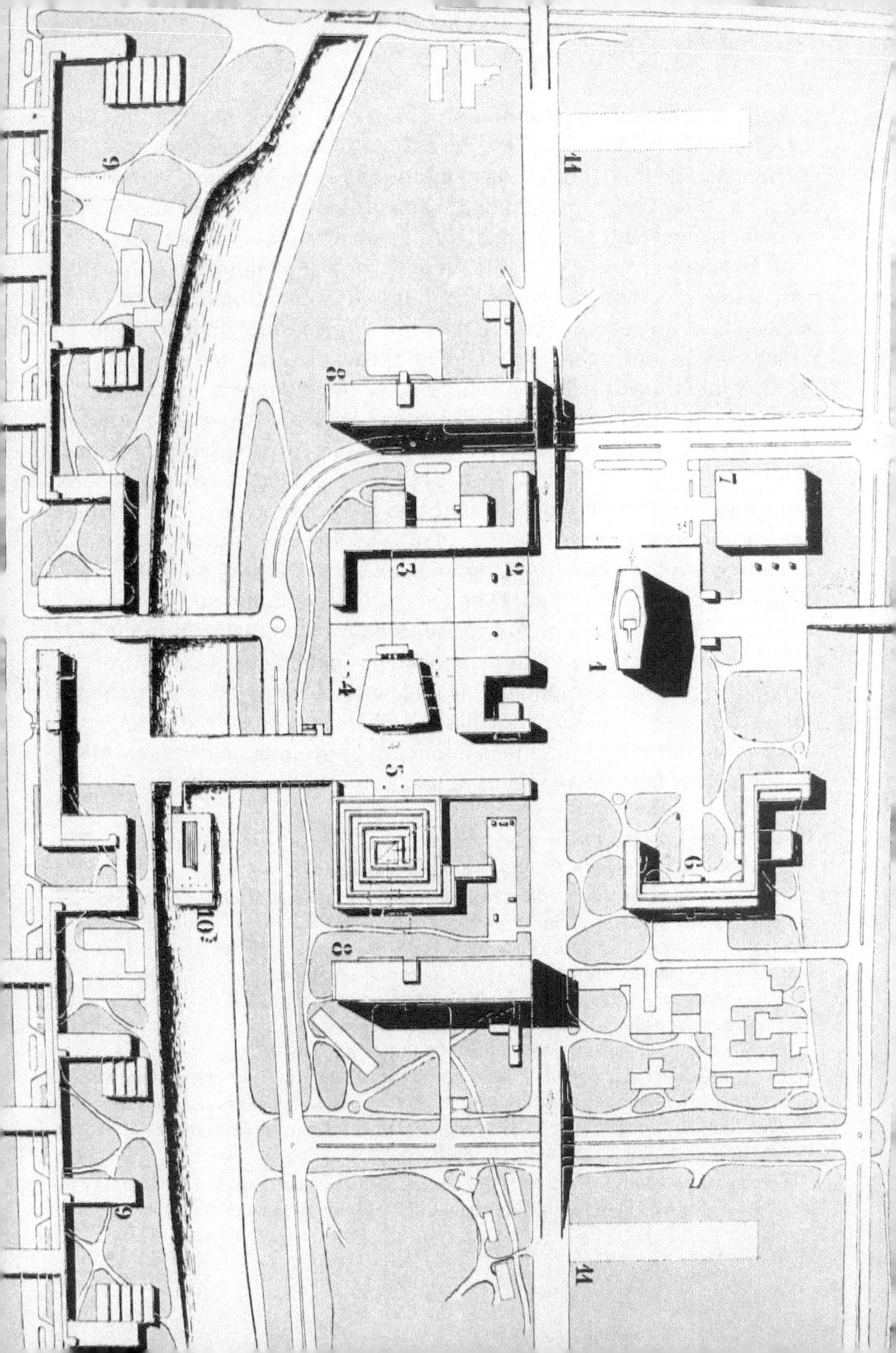

urbano que anticipaba las inquietudes cristalizadas en el Capitolio de Chandigarh años después. Para Giedion, en Saint-Dié se aprecia la "libertad de interrelaciones escultóricas entre edificios"[3] que definirían la Nueva Monumentalidad: escenarios favorables al sentido de la colectividad. Sin embargo, con relación a la apología de los centros cívicos y el ágora, la tradición descrita por el historiador encontraría su inefectividad y retroceso, pues el discurso pasó de una etapa idealista –con descripción de materiales y dispositivos específicos–[4] a la confirmación parcial de imágenes explícitas obtenidas en Chandigarh y Brasilia. La lectura de Giedion sobre el sentido de lo público y lo cívico garantizaba un inmovilismo estético que no preveía el advenimiento de un elemento más complejo: el orden neoliberal de finales de siglo y su incidencia en el espacio público. Pero la verdadera intención del historiador se centraba en el diseño de una estructura que permitiera hacer frente a las nuevas demandas espaciales en el ámbito urbano y facilitar la reconciliación con el sentido histórico anulado por la modernidad. Dicha estructura, denominada "group design", corresponde con los conceptos de ensamblaje y composición: un tipo de configuración espacial por medio de piezas a nivel urbano. El paso es imprescindible en la crítica al proyecto monumental de la primera-modernidad, pues establece un número determinado de componentes[5] y mantiene la intención programática del conjunto que descarta la importancia de la pieza de arquitectura única.

[3] Giedion, Sigfried, *La Arquitectura, fenómeno de transición (las tres edades del espacio en arquitectura)* (Barcelona: Gustavo Gili, 1975), p. 330-331.

[4] En el punto 9 del manifiesto de la Nueva Monumentalidad, Giedion, Léger y Sert describen los materiales posibles para ese cometido: "Materiales modernos y nuevas técnicas están a la mano: estructuras metálicas ligeras; curvas, arcos de madera laminada; paneles de diferentes texturas, colores, y tamaños; elementos ligeros como techos que pueden suspenderse de grandes armazones cubriendo prácticamente extensiones ilimitadas. (...) Elementos móviles que pueden variar constantemente el aspecto de los edificios. Estos elementos móviles, cambiando posiciones y proyectando diferentes sombras cuando el viento o la maquinaria actúa sobre ellos, pueden ser la fuente de nuevos efectos arquitectónicos...". En Giedion, Sigfried, *Architecture, You and Me: The Diary of a Development* (Cambridge: Harvard University Press, 1958). Traducción del autor, p. 50-51.

[5] D'Hooghe, Alexander, *The Liberal Monument, Urban Design and the Late Modern Project*, 1st ed. (New York: Princeton Architectural Press and Berlage Institute, 2010), p. 9.

ENSAMBLAJE

Entre el 4 de octubre y el 12 de noviembre de 1961 se llevó a cabo la
exposición The Art of Assemblage en el Museo de Arte Moderno
(MoMA) de Nueva York; comisariada por William C. Seitz, la muestra
hacía una revisión a la técnica del ensamblaje en los procesos artísticos surgidos a partir de la Segunda Guerra Mundial. Dado que el arte
moderno se había institucionalizado desde Nueva York por aquellos
años, el ensamblaje sintetizaba conceptualmente un discurso libre

y alejado del canon pictórico. Un discurso también desactivado de contenido político,[6] motivado por un interés en códigos simbólicos u oda al absurdo característico del dadaísmo y el surrealismo: señal inequívoca de la cultura anti-narrativa que anticipaba la ruptura posmoderna. El ensamblaje es un collage –propio de la modernidad de Picasso o Braque– que se basa en lo inconexo aunque con cualidades tridimensionales. Estas propuestas quitaban peso al significado intelectual y se manifestaba incipientemente la crisis estética que el *pop art* habría de exhibir con sus latas de sopa y otros distintivos extraídos de la cultura banal: "El término 'assemblage' ha sido señalado (...) para denotar no sólo un procedimiento técnico específico y formas utilizadas en la literatura y la música como también en las artes plásticas, sino también como un conjunto de actitudes e ideas."[7] La trascendencia del ensamblaje deja registro en su cualidad aglutinante y en las posibilidades que genera como conjunto, pues responde como orden para los componentes o los dispositivos arquitectónicos en un planteamiento con límites bien definidos.

1964

En 1964 Fumihiko Maki publicó "Investigations in Collective Form". Un texto crítico con la realidad construida de la década previa, o los planteamientos monumentales en la India y Brasil, que expone conceptos alejados de la individualidad del urbanismo de objeto. Así, la monumentalidad estática de la modernidad, sujeta a criterios compositivos

---

[6] "Un 'ensamblaje' (un término más inclusivo que el conocido 'collage') es una pieza de arte construida al juntar fragmentos de papel cortado o desgarrado, encabezados de periódico, fotografías, trozos de tela, maderas, metal o cualquier material similar, conchas y piedras, o incluso objetos como cuchillos y tenedores, sillas y mesas, partes de muñecas y maniquíes, y guardabarros de coches. El significado simbólico de estos objetos, que originalmente no están pensados para ser material de arte, puede ser tan importante como su aspecto real." "The Art of Assemblage", Exhibition (New York: MoMA, octubre de 1961), <https://www.moma.org/momaorg/shared/pdfs/docs/press_archives/2897/releases/MOMA_1961_0112_110.pdf?2010>. Traducción del autor, p. 1.
[7] *Ídem.*

y formalistas, se verá superada por un ánimo visionario surgido en Japón a raíz de la reconstrucción de la posguerra.[8] Aunque temporalmente a Maki no le corresponde la modernidad estricta, fue S. Giedion quien observó en "La arquitectura, fenómeno de transición…" el vínculo con el concepto de "cuerpos en el espacio" en el proyecto de la estación de Shinjuku (1960). Un plan que reconvertía una antigua planta purificadora de agua en centro comercial y punto de transbordo de pasajeros. Giedion retoma de Shinjuku la cualidad plástica/escultórica que sugerían los elementos verticales y que ampliaban simbólicamente el ámbito del proyecto.[9] Pero en Shinjuku se centraliza y

[8] Explica Frampton que –a partir de la "World Design Conference" llevada a cabo en Tokio en 1960– la posición de Maki sobre el urbanismo a favor de "megaestructuras" lo distanciaría del planteamiento moderno de la "forma cívica" de Sert. Frampton, Kenneth, "The Work of Fumihiko Maki", en *Fumihiko Maki* (London: Phaidon, 2009), p. 49.

[9] Giedion, Sigfried, *La Arquitectura, fenómeno de transición (las tres edades del espacio en arquitectura)* (Barcelona: Gustavo Gili, 1975), p. 333.

reafirma la necesidad programática de lo colectivo como potenciador del espacio público, motivado por un interés rupturista. Las ideas de esta nueva representación se basan en el principio de organización orgánica del espacio, inquietudes enmarcadas en la línea filosófica de los metabolistas japoneses. Los planteamientos de Maki representan la convicción en el urbanismo flexible, masivo y apoyado en enormes estructuras, con armazones capaces de adaptarse, crecer y decrecer, como el funcionamiento de los propios organismos vivos. Una muestra de la fractura del fin de la década de los cincuenta y lo que habría de suceder con las posteriores utopías *avant-garde*. La configuración del centro urbano que conjuga distintos programas puede verse más próxima al proyecto de la Città Nuova de Sant'Elia, que al estatismo representado tanto por el Capitolio (India) como por la Plaza de los Tres Poderes (Brasil). Dado que esta arquitectura explora las posibilidades de la infraestructura como afirmación de los avances tecnológicos y funcionales, más que de una estructura monumental que apela a la contemplación nostálgica y grandilocuente.

EVOLUCIÓN

Con el progreso de la arquitectura moderna, a comienzos de la década de los sesenta, la representación monumental evoluciona hacia la idealización de nuevos escenarios urbanos y se restablece parcialmente el sentido dinámico del proyecto. No obstante, se trata de un dinamismo que pasa del símbolo de la máquina futurista a los procesos orgánicos de transformación permanente. La evolución se refleja en el desplazamiento de pretensiones conmemorativas, pues ya no interesa hablar de centros cívicos ideales que atiendan las aspiraciones plásticas y estáticas de la posguerra. La permanencia no cabe en la nueva definición de monumentalidad cívica: ahora se enfatizan las cualidades de una arquitectura/infraestructura de gran escala en el ámbito urbano. A esta representación se le denominó mega-objeto. Así, el "centro de ciudad" se entiende como una gran intervención que ahonda en la concentración, la flexibilidad y el cambio como procesos vivíos. Aunque el discurso de F. Maki debe situarse alrededor

de la práctica japonesa de reconstrucción posterior a la guerra. Los años sesenta serán fructíferos para las especulaciones ajustadas a esa tónica utopista, planteamientos enmarcados ya en la crítica posmoderna. La mega-estructura sustituye a la figura del ágora asociada con el urbanismo moderno y los centros cívicos. Las observaciones de Maki aunque descolocan lo monumental como un fin en sí mismo, atienden motivaciones que podrían no ser distantes: la concreción pragmática por medio de dichas mega-estructuras. Asimismo, la acumulación representa un factor de beneficio en oposición a la dispersión de las vastas áreas libres de los esquemas dominantes previos.

LEGADO MODERNO

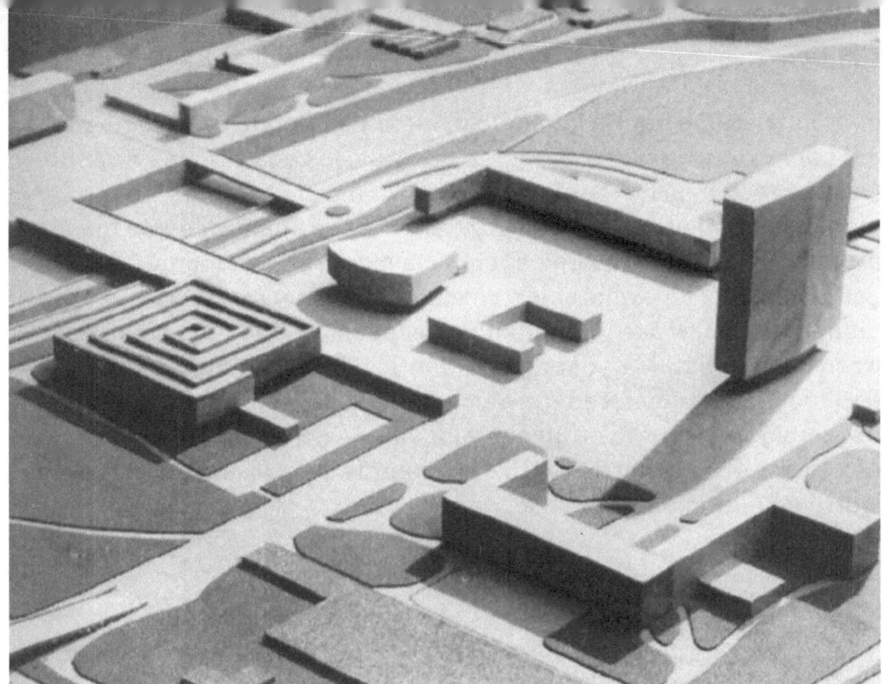

CLASICISMO

El clasicismo implícito en la gran escala de los proyectos *lecorbusie-ranos* apuntaba a una motivación concreta: humanizar la vida de la ciudad. La relación de edificios-monumento en el espacio público moderno debe entenderse como un principio que se repetiría entre los años 1938 y 1952. "Humanizar" es equivalente a la recuperación del significado de lo clásico por medio de estructuras concretas: digamos, el ágora griega. Es la idealización de espacios aptos para la vida pública, el encuentro social y las actividades colectivas. Para Giedion, el centro cívico de Saint-Dié (1945) es la muestra precisa de esa restauración en la que aparecían a su vez nuevas relaciones espaciales, favorables para este mismo proceso: "Toda la zona del centro de Saint-Dié estaba reservada exclusivamente a los peatones, y esto (...) la relacionaba con el ágora griega. Por primera vez en nuestra época, Saint-Dié habría ofrecido una cristalización de la vida comunitaria que habría igualado el lugar de reunión de los griegos".[1] Tal como sucedió con el discurso de Loos, la cada vez más evidente (re)afirmación de cierto clasicismo reivindica lo estable y lo que permanece por su posición "estructural". Y debe apuntarse que fue el arquitecto austriaco quien asociaba la modernidad atemporal con el canon clásico. La exploración de elementos concretos, que reactivan un tipo de relaciones y experiencias espaciales, resulta cercana al peso de lo mítico y la nostalgia romántica. En esa línea, la modernidad fue incapaz de acceder a herramientas propias desde la rigidez del ambiguo discurso original –relacionado con la máquina– y sólo en esa vuelta a los ideales artísticos extraídos de la tradición se lograba cierto equilibrio entre pasado y futuro.

INSPIRACIÓN

Oscar Niemeyer tuvo acercamiento con la arquitectura clásica tras realizar un viaje por Europa –ya como un prolífico arquitecto–, que establecería un punto de inflexión para conformar su versión de lo monumental. Las preocupaciones de Niemeyer se traducían en un criterio sólido sobre la presencia de símbolos y su vínculo con las grandes civilizaciones. La arquitectura monumental era el testimonio de los valores culturales y las aspiraciones políticas de aquellas sociedades. Al respecto manifestaría: "Me he interesado en las soluciones compactas, simples y geométricas, en problemas de jerarquía y de carácter arquitectónico, en la armonía y en la unidad entre los edificios, y en expresar estas cualidades no a través de elementos secundarios, sino a través de la estructura misma, integrada adecuadamente dentro de la concepción plástica original.[2] Niemeyer ejemplifica parte de la complejidad sobre el tema, dado que reivindica categorías específicas –unidad, simplicidad, geometría, estructura– pero deja

---

[1] Giedion, Sigfried, *Espacio, Tiempo y Arquitectura: Origen y Desarrollo de una Nueva Tradición*, definitiva (Barcelona: Reverté, 2009).

[2] Underwood, David, *Oscar Niemeyer and the architecture of Brazil* (New York: Rizzoli, 1994), p. 95.

de lado otros problemas como la libertad formal, que atendía confusamente a dos tipos de edificios: la arquitectura pública y la arquitectura individual. En ese sentido, explica J. Holston, si el edificio público establece una morfología específica con su monumentalidad conformada por espacios abiertos y gran escala, no existe una diferencia real cuando se lee desde el ámbito individual: "en un sistema arquitectónico en el que la monumentalidad es conferida por grandes dimensiones a través de una elaboración escultural en el espacio abierto, el edificio privado no es menos monumental que el edificio público porque ambos son considerados como objetos esculturales dentro de un campo de objetos escultóricos".[3]

CIUDAD

La arquitectura monumental como proyecto se consolida visiblemente a través de la experiencia de la ciudad. La oposición dialéctica entre espacio público y privado amplía la conciencia de la representación colectiva. Es decir, el objeto aislado –con su carga alegórica y expresión formal– es sólo un monumento puntual que metafóricamente tiene un rango de acción limitado: lo privado opera en los intereses de una entidad económica, corporativa, financiera, etcétera. Sin embargo, a mediados de siglo pasado fue posible materializar los objetivos dando un salto en la escala del proyecto. Los limitaciones técnicas, constructivas, ideológicas y políticas, vieron finalmente su superación en dos casos concretos: Chandigarh y Brasilia. En ese sentido, el conjunto arquitectónico como representación política y económica de la modernidad, fue un sistema de organización alejado de los dramas ideológicos padecidos en Europa durante la primera mitad del siglo XX. Espacialmente el conjunto respondía a las inquietudes surgidas en torno a la (re)construcción de la ciudad moderna. Si el rascacielos en la lógica del objeto único y deslumbrante se reconoce como herencia de la corona de la ciudad, el grupo significa

[3] Holston, James, *The Modernist City: an anthropological critique of Brasilia* (Chicago: University of Chicago Press, 1989). Traducción del autor, p. 90-91.

el logro de los elementos que resuelven el programa de forma diferenciada. Edificios apropiados para producir un orden dentro del sistema. La tardo-modernidad se identificó por la conformación de nuevos emblemas urbanos, recintos que interactuaban en el marco de la urbe y llevaban el discurso monumental a un horizonte superior: su potencialidad como mini-centros simbólicos de ciudad. Chandigarh y Brasilia comparten ideológicamente los planteamientos urbanos trazados en el paradigma moderno, dos ciudades que expresan la voluntad por conformarse como símbolos de su tiempo, así como un explícito carácter monumental que en el siglo XX no se había visto en estos términos. Esta relación no fue extraña ni coincidente debido a la necesidad instrumental de acceder a nuevos escenarios urbanos que proyectasen una imagen actualizada de progreso, así como la cercanía ideológica y temporal que compartieron Le Corbusier y Oscar Niemeyer. En este sentido, la experiencia de la ONU facilita el porqué las conexiones no son casuales. Niemeyer ya había demostrado un talento particular en torno a este tipo de arquitectura: está involucrado en diferentes casos paradigmáticos encaminados a definir la monumentalidad en términos modernos.

HERENCIA

La construcción de Chandigarh concluye la síntesis plástica en la trayectoria de Le Corbusier, como afirmación del paradigma moderno y favorable para un simbolismo artístico crítico. Se dice que el proyecto comienza años antes con el planteamiento del Mundaneum.[4] Es sabido que Le Corbusier hereda el encargo de Chandigarh tras el accidente fatal de Matthew Nowicki (1950), un antiguo colaborador quien, en sociedad con el planificador y arquitecto norteamericano Albert Mayer, desarrollaba el diseño para la nueva ciudad. Sin embargo, la vocación monumental de la ciudad y su organización definitiva

[4] Von Moos, Stanislaus, *Le Corbusier: elements of a synthesis, revised and expanded* (Rotterdam: 010 Publishers, 2009), p. 250.

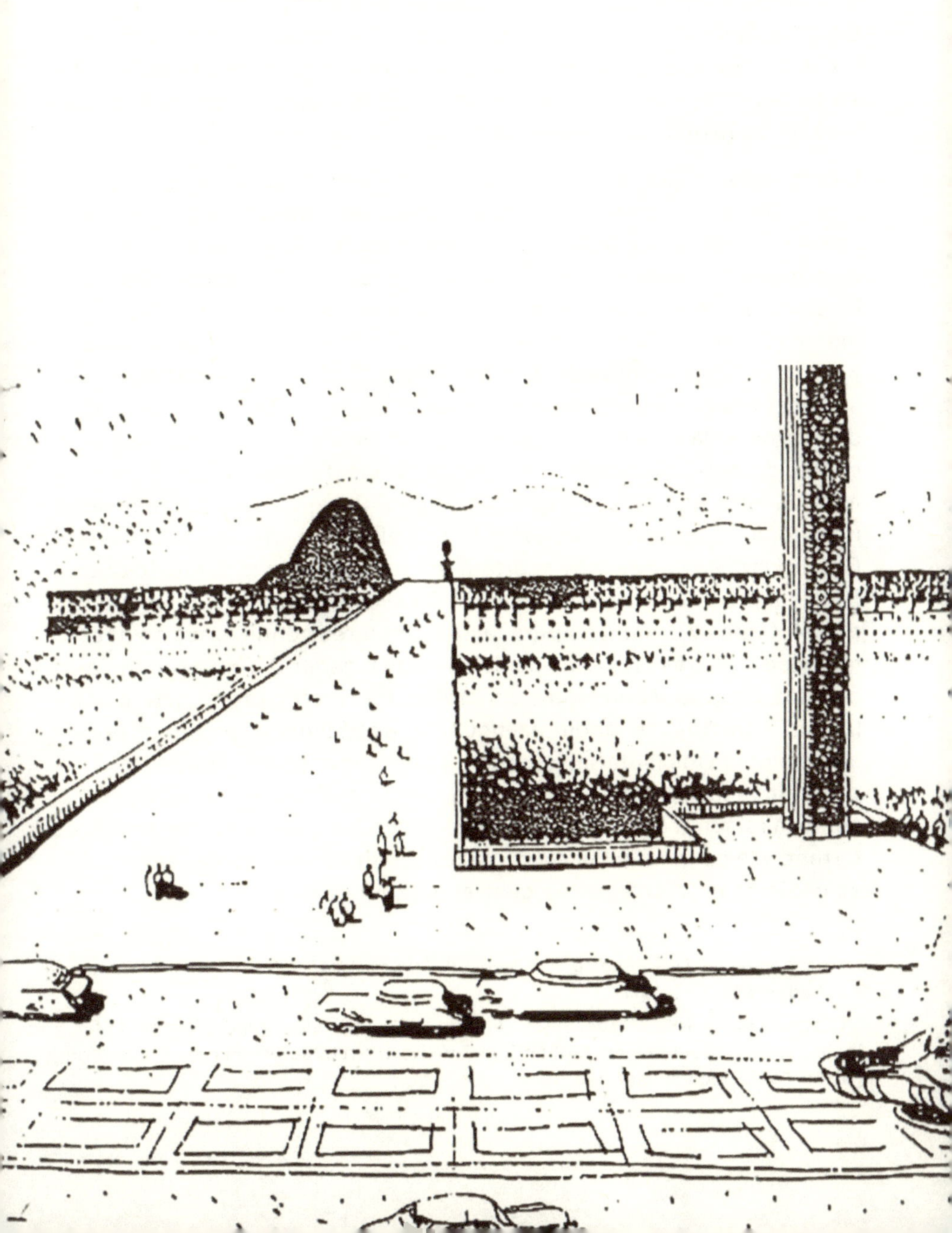

no dependieron únicamente de las inquietudes de Le Corbusier: la conformación urbana, aún en el contexto más actualizado, se organiza por un ritmo y un entramado que relega la voluntad creadora del arquitecto a una posición más comprometida.[5] Chandigarh fue, con Brasilia, la herramienta que proyectaba una imagen de modernidad favorable para los propósitos de una situación política específica. En su génesis hay una necesidad instrumental, diversos factores imposibles de controlar por un solo individuo.

La organización espacial del Capitolio en Chandigarh cedía un lugar preponderante a la estructura formalista, que ordenaba los edificios como elementos secundarios; contenedores subordinados a una decisión mayor que resulta limitada: equilibrar el planteamiento estático. Le Corbusier responde al lugar por una razón contextual y específicamente climática: "la noción de un parasol protector contra el monzón"[6] y las altas temperaturas del subcontinente. Así, las cubiertas que se descubren como signos adecuados al lugar, indican la necesidad de recuperar la idea del "lenguaje" –como en el planteamiento clásico occidental– con la relación símbolo/forma. En otras palabras: un materialismo que no se desprende de reminiscencias románticas poco novedosas, aunque aparentemente más efectivas. En cualquier caso, Chandigarh es quizás más acertada en su respuesta al contexto que Brasilia, precisamente porque visibiliza el uso de esos mecanismos gesticulantes y orgánicos para facilitar mejores condiciones de habitabilidad. Las dos ciudades contribuyeron a generar una resonancia plástica y espacial con temas concretos, que fueron investigados por lógicas parecidas: simbología moderna, posibilidades plásticas por el dominio de los materiales, cristal y hormigón; una organización programática que retoma jerarquías, ejes, simetrías, entre otros. Así como la relación de la masa construida con las grandes extensiones de terreno y la condición de la arquitectura/monumento de acuerdo con su posición en el entramado central o Capitol Complex.

[5] Vale, Lawrence J., *Architecture, Power and National Identity*, 2nd edition (London: Routledge, 2008), p. 124-125.

[6] Curtis, William J.R., "Modern Architecture, Monumentality and the Meaning of Institutions: Reflections on Authenticity", Harvard Architecture Review 4, n.o Spring (1984). Traducción del autor, p. 71.

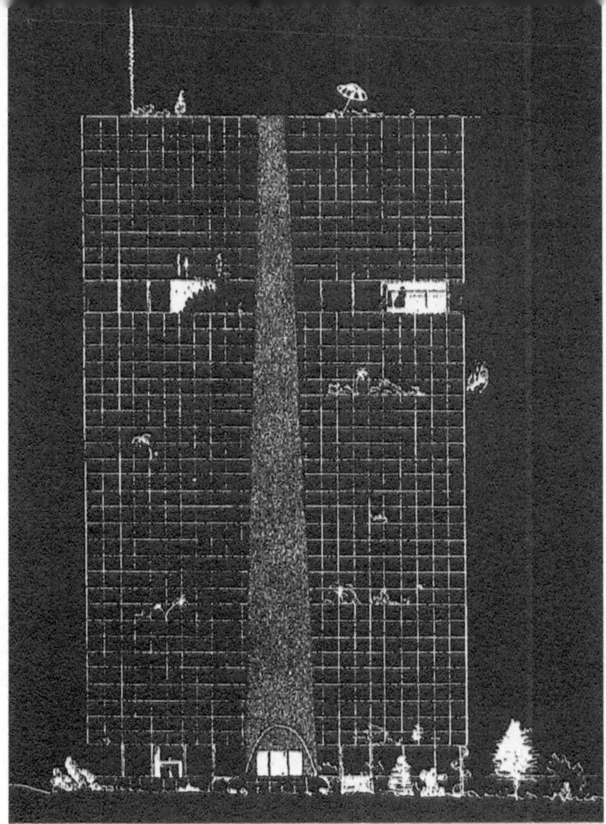

ECOS

La Plaza de los Tres Poderes es heredera parcial del proyecto constructivista, la obra de Leonidov sería un punto de conexión probable.
El planteamiento simbólico vertical contenido en la pastilla (Slab
building), tiene ecos con la propuesta del Ministerio de la Industria
de 1929 del arquitecto ruso. Sin embargo, mientras que para la visión
revolucionaria era patente la construcción por medio de geometrías
simples que articulaban el esquema general, la arquitectura de Niemeyer retoma esa simplicidad de los volúmenes y aprovecha el contraste visual para el balance de conceptos: lo cóncavo y lo convexo,
lo recto y lo curvo, el vacío y lo materia, lo natural y lo artificial, entre

otros. La paradoja monumental, como principio compositivo moderno, se entiende tanto en la tónica *leonidoviana* como en el espacio metafísico de la escultura de Giacometti.[7] Así, la razón común está en el orden geométrico simple. No obstante, en la obra de Leonidov éste es dinámico y para Niemeyer resulta estático, escultural y contemplativo en términos tradicionales.

CAPITOLIO

La estructura y significado del Capitolio[8] cuenta con una función clara para la representación política: diferenciar un sistema de edificios del edificio único, un conjunto particular que amplía el grado y la imagen que se tiene sobre las instituciones del poder. Estos espacios promueven abiertamente la expresión monumental más concreta de la modernidad en su conjunto. En Brasilia recibe el nombre de La Plaza de los Tres Poderes y se compone específicamente por los recintos del Congreso Nacional: un par de pastillas gemelas, un volumen cóncavo y otro convexo colocados sobre una plataforma. La

[7] La simbolización por medio de la dualidad forma-función y su diferenciación programática se entiende de la siguiente manera, según David Underwood: "Como Bruand ha hecho notar, las formas de las cúpula del Senado y su inversión en la Cámara de Diputados corresponden con el tamaño y el carácter de los dos grupos que trabajan dentro: el domo del Senado, de dimensiones modestas, está firmemente colocado de modo apropiado para una cámara de meditación; la estructura de tazón de la Cámara de Diputados, mucho más grande y más revolucionaria, recuerda a una nave espacial lista para despegar, esto sugiere que la asamblea del poder legislativo impulsará a Brasil al futuro." Underwood, David, *Oscar Niemeyer and the architecture of Brazil*. Traducción del autor, p. 124.

[8] "*Capitol* originally connoted a citadel on a hill. Rome's Capitoline Hill, site the ancient Temple of Jupiter, within which the Roman Senate sometimes convened, provides a clue to both the political and topographical origins of the word. Moreover, the notion of citadel suggests roots that extend even deeper in the past. The word citadel, derived from the italian *cittadella*, 'little city', is an imperfect translation of the Greek word *akropolis*, 'upper city'. The ancient *citadel*, as an architecturally dominant minicity within a city, combines both of these notions." Vale, Lawrence J., *Architecture, Power and National Identity*, p. 11.

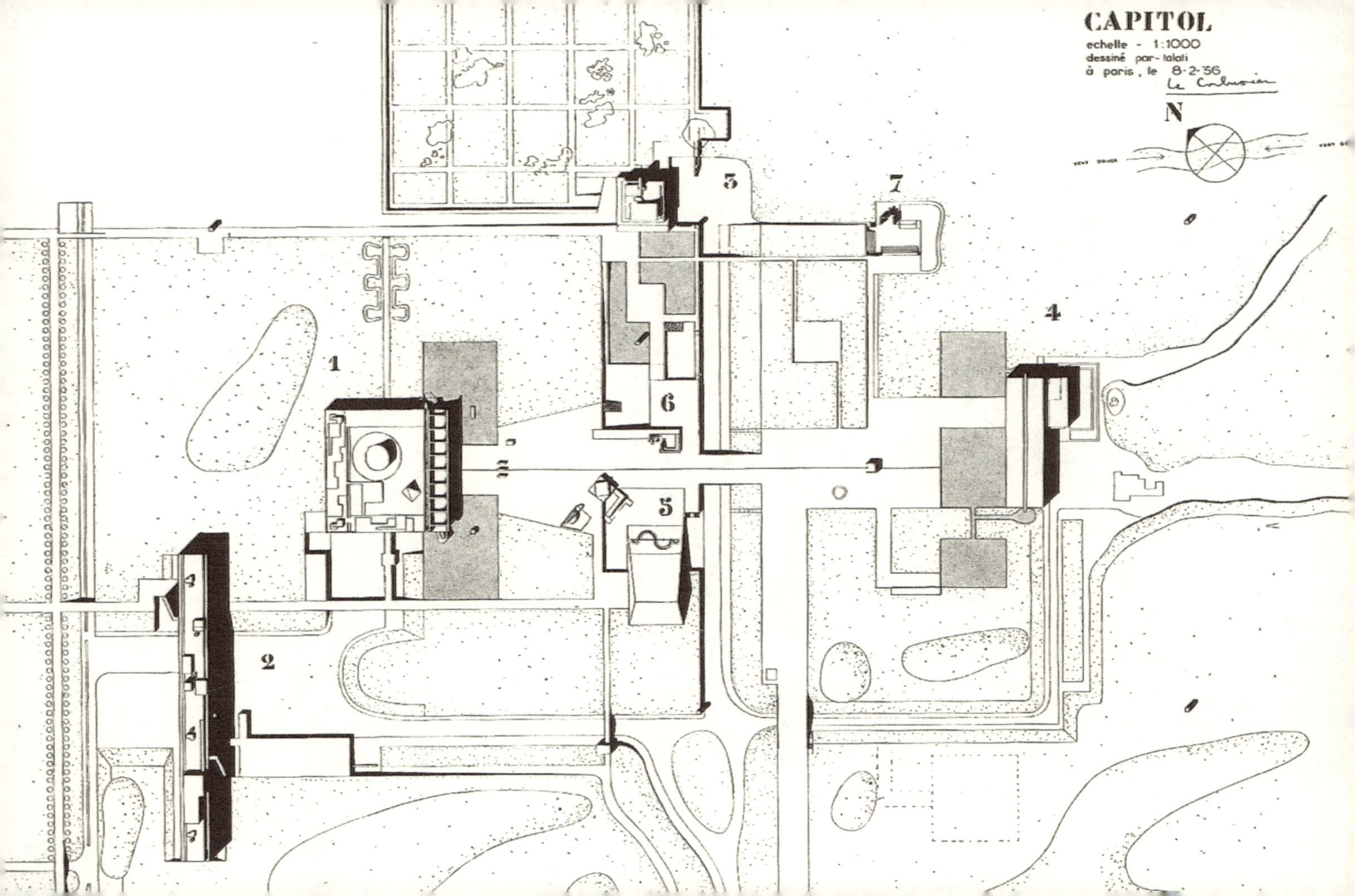

CAPITOL
echelle - 1:1000
dessiné par- talati
à paris, le 8-2-56
Le Corbusier
N

presencia de pastillas gemelas verticales, emblemas del muro cortina
y unidas por una pasarela, confirma inconscientemente la jerarquía
que adopta el rascacielos como sucedió en las estampas neoyorkinas.
Esta afirmación tipológica, como dispositivo moderno, tuvo una lectura metafórica y crítica que Mumford hizo notar con el secretariado de
la ONU: sobre la representación legislativa, la posición de la burocracia es privilegiada.[9] Se trata del fallo en el planteamiento que otorga
un lugar preponderante a la composición general, cuando se ponen
en relieve las contradicciones más plásticas del proyecto: la(s) torre(s)
aparece(n) ahí por un requerimiento visual, necesario para facilitar un
balance o un contraste con las curvas en los edificios de las cámaras.
Por su parte, en Chandigarh el planteamiento de la "Tête" –el grupo
conformado por la triada: Asamblea Legislativa, Secretariado y
Suprema Corte, además de un Palacio del Gobernador (no construido)– se desmarca principalmente de éste negando la presencia de la
burocracia. Una lección aprendida probablemente con el ejercicio de
la ONU: "en lo construido, la pastilla (horizontal) alargada del Secretariado (está) más alejada del centro que la Asamblea o la Suprema
Corte (...) Aún cuando estas decisiones, sin embargo, estaban en
desacuerdo con las ideas iniciales de Le Corbusier; sus primeros
bocetos mostraban una pastilla en altura para el Secretariado que
dominaría el ensamble".[10]

OBSERVACIÓN

¿Son igual de fallidos dichos planteamientos urbanos –como imagen
de un sistema de representación– que aquellos asociados con la tradición romántica? Es innegable el dilema en la búsqueda de formas
adecuadas para la representación de la memoria. El asunto de un simbolismo implícito en el espacio, que en absoluto resultaba novedoso

[9] "The symbolic dominance of the bureaucracy over the legislature, so vehemently
and repeatedly decried by Lewis Mumford with regard to the United Nations build-
ings, is represented on the Brazilian plateau." Vale, Lawrence J., p. 139.
[10] *Ibidem*. Traducción del autor, p. 131.

para la arquitectura del poder, replicaba fielmente los dictados de los acontecimientos históricos; como si el avance de los planteamientos modernos no hubiese correspondido adecuadamente con la materialización de las sinergias de su tiempo. O dicho de otra manera: la construcción del espacio moderno para la representación no era suficiente desde la mera congruencia material, formal y tipológica; se requería de un significado añadido. Sin embargo, dada su vocación instrumental, las intervenciones de Chandigarh y Brasilia logran un carácter monumental que trasciende las connotaciones plásticas y operan como testimonio de su espacio-tiempo. No obstante, dada la intencionalidad las nuevas capitales reivindicaron un simbolismo que representaba la cara estética de una modernidad limitada. El claro estatismo escultórico, independientemente de su resolución como proyecto arquitectónico, responde a un planteamiento general deudor de los mismos principios compositivos que Karel Teige había denunciado años atrás. La modernidad (desequilibrada) reivindicaba su fe en el automóvil como visión deudora del futurismo de vanguardia; pero se distanciaba de las primeras vanguardias con un cuestionable sentido de humanización del espacio. Involuntariamente Chandigarh es el testimonio en la forma de monumento imperfecto, de un tiempo específico en que la creencia sobre las virtudes del automóvil eran todo menos desmedidas. Sólo así, la ciudad puede entenderse por sus características desproporciones físicas.

Se ha gravitado a lo largo de la reflexión sobre una suposición esencial: la existencia de componentes materiales sobre el asunto que nos ocupa. Por ello, pese a toda abstracción, es posible afirmar que la modernidad también padeció un desafortunado estancamiento que habría de ser malinterpretado y criticado en los años siguientes. La reproducción indiscriminada de modelos y la trivialidad estética definieron un catálogo de elementos que confirman el sentido compositivo de esa arquitectura. La obra de Le Corbusier influyó notablemente para la resolución de programas similares en diversos contextos alrededor del planeta.[11] Además, quizás se deba a Le Corbusier —más que

[11] Curtis, William J.R., "Modern Architecture, Monumentality and the Meaning of Institutions: Reflections on Authenticity", p. 72.

a ningún otro arquitecto actual– la supuesta síntesis de una tradición conveniente para la modernidad. Así, instalado en una lógica de diseño que prioriza lo compositivo –jerarquías, proporciones, ejes, simbolización y gran escala–, el paradigma moderno en Chandigarh entra en una fase que acentúa su disolución. El conflicto de esa monumentalidad moderna es que no deja de ser imprecisa, por estética y estática, al intentar construir elementos subjetivos, como la identidad nacional, que sólo la colectividad dudosamente asimila a lo largo del tiempo.

CRÉDITOS FOTOGRÁFICOS

PÁGINA 22   Pirámides de Egipto
AUTOR   Ricardo Liberato (2006)

PÁGINA 25   *Die Stadtkrone* (1919)
AUTOR   Bruno Taut

PÁGINA 27   Monumento a Karl Liebknecht y Rosa Luxemburgo en Berlín
destruido por los nazis, Mies van der Rohe (1926)
AUTOR   Arthur Köstler

PÁGINA 29   *Stolpersteine*, memoriales diseñados por Gunter Demnig y colocadas
desde 1996 en los territorios ocupados por los nazis
AUTOR   elzorrodeldesierto.blogspot.com.es (2010)

PÁGINA 30   Monumento a la partisana en Venecia, Carlo Scarpa (1968)
AUTOR   SEIER+SEIER (2012)

PÁGINA 33   Memorial a los veteranos de Vietnam en Washington, Maya Lin (1982)
AUTOR   Sailko (2010)

PÁGINA 36   Modelo a escala del Mausoleo a Max Dvořák (1921)
AUTOR   Adolf Loos

PÁGINA 38   Proyecto del Monumento a Francisco José I (1917)
AUTOR   Adolf Loos

PÁGINA 40   Elevador de grano Washburn Crosby en Búfalo, Nueva York
AUTOR   Jet Lowe (1994)

PÁGINA 41   Mi Egipto (1927)
AUTOR   Charles Demuth

PÁGINA 43   Proyecto para una torre de almacenamiento de agua (1921)
AUTOR   Viktor Petrov

PÁGINA 45   Estación de trenes y aeroplanos en el Proyecto de la Città Nuova (1914)
AUTOR   Antonio Sant'Elia

PÁGINA 47   Proyecto de Central Eléctrica (1914)
AUTOR   Antonio Sant'Elia

www.ingramcontent.com/pod-product-compliance
Lightning Source LLC
Chambersburg PA
CBHW020336160726
47992CB00004B/1862